《生活与哲学》的"三维"深度学习

于世华　编著

南京师范大学出版社
NANJING NORMAL UNIVERSITY PRESS

图书在版编目(CIP)数据

《生活与哲学》的"三维"深度学习 / 于世华编著.
—南京:南京师范大学出版社,2016.8
ISBN 978-7-5651-2845-5

Ⅰ.①生… Ⅱ.①于… Ⅲ.①政治课-教学研究-高中 Ⅳ.①G633.203

中国版本图书馆 CIP 数据核字(2016)第 203670 号

书　　名	《生活与哲学》的"三维"深度学习
编　　著	于世华
责任编辑	张岳全
出版发行	南京师范大学出版社
地　　址	江苏省南京市宁海路 122 号(邮编:210097)
电　　话	(025)83598919(总编办)　83598412(营销部)　83598297(邮购部)
网　　址	http://www.njnup.com
电子信箱	nspzbb@163.com
照　　排	南京凯建图文制作有限公司
印　　刷	扬州市文丰印刷制品有限公司
开　　本	787 毫米×960 毫米　1/16
印　　张	13.5
字　　数	194
版　　次	2016 年 8 月第 1 版　2016 年 8 月第 1 次印刷
书　　号	ISBN 978-7-5651-2845-5
定　　价	30.00 元
出 版 人	彭志斌

南京师大版图书若有印装问题请与销售商调换
版权所有　侵犯必究

◎ 前 言 ◎

  同学们每天上课、下课、做作业、上晚自习,课堂上不时会有一些笑料,同学间会有一些新鲜事,紧张而忙碌的校园生活中又不失轻松的气氛。我们的学习生活就这样一天天地过下来了。全国高中生的学习生活大概也是这样,这种被我们认为天经地义的生活其实经不起推敲,如果我们能不断地反思就会发现很多问题。比如,我学习是为了什么?考大学!考大学又是为了什么?找到一个好工作!找到一个好工作又是为了什么?有钱,有地位,有幸福的家庭!这三者有必然联系吗?有钱,别人就会高看你一眼吗?有地位,你就会有幸福的家庭了吗?不对!逻辑上推不出这些结果,要修改答案。上大学能学到更多更深的专业知识,能为他人提供高水平的专业服务,能为社会做出更大的贡献,由此,我不仅能获得高薪,而且也能获得他人和社会的尊重。答案似乎很完美了,但在平凡岗位上做出不平凡业绩的人更令人尊敬,因为你拥有了高薪,而平凡岗位上的人只有较低的薪水。突然发现,我们苦苦追求的高薪这一世俗人生价值存在着悖论,即你拥有的薪水越高,越有成就感,别人也会越发觉得你是应该的,没有什么了不起。接下来的推论是,如果你不是靠真才实干获得的名利,会更令人鄙视。再比如,追问我的学习动力是什么?父母的夸奖、老师的表扬令我学习起来更加有干劲。我的学习动力是要超过别人,打败别人就是我的成功。这个动力是有问题的,你的动力来源于别人,你的成功只掌握在别人的手里。如果别人也这样想,即使我们偶然成功了,也要时刻提防别人的成功,惶惶不可终日,没有什么幸福可言。

那么,我们应该追求怎样的生活呢?怎样的人生才有意义?我们应该如何正确地看待自己、他人与社会?如何处理好他人、社会与自己的关系?如何看待这个世界?这些问题就是哲学层面的问题,也就是我们经常说的,"世界是什么?我从哪里来?又要到哪里去?"其实,我们绝大多数人都不曾认真思考过这些问题,往往被滚滚人流裹挟着过了一辈子,这就是海德格尔所说的"常人"的"沉沦"。但这些玄虚而又抽象的哲学问题却是人生根本性的问题。日常生活中,每个人都要吃喝拉撒,每个人所处的社会条件都差不多,每个人一天都拥有24小时,但不同的人却有着不同的人生,有的辉煌,有的平庸,有的黯然失色。他们的差异究竟在哪里?差异就在每个人的观念不同,世界观、人生观、价值观不同。可见,哲学对人生意义重大。

古今中外的思想家、哲学家提出了各种各样的哲学观点。比如,我国占主流思想的儒家学说中就提出了"修身,齐家,治国,平天下"的人生理想,用北宋张载的名言来表达就是"为天地立心,为生民立命,为往圣继绝学,为万世开太平"。但儒家学说中也有纠结的地方,就是"生死有命,富贵在天""求之有道,得之有命"的天命观。道家提出了"安命"的观念,"知其不可奈何而安之若命,德之至也",追求一种虚静无为,合于自然,超越感性欲望和功利计较的"逍遥"境界。但道家的保身全生,自适逍遥,忽视社会责任,容易导致自我中心主义。西方的科学理性带来了现代技术,按海德格尔的说法,"现代技术之本质居于座架之中",通俗地说,人类被现代技术所"绑架",难以从人的本质中绽放生存。寻找科学的世界观与方法论,我们发现,学习马克思主义哲学能帮助我们树立正确的世界观、人生观和价值观。因为马克思主义哲学在实践观的基础上实现了辩证唯物主义和历史唯物主义的有机统一,是科学的世界观和方法论。那么,我们应该如何学好马克思主义哲学呢?

高中阶段的学习要面对高考的压力,高考考知识,我们只能立足于知识学习的应试现实。但哲学学习绝对不是知识的记忆和背诵。哲学原理不是

"陈述性知识"。像"珠穆朗玛峰海拔高度是 8 844 米",就是一个陈述性知识,只要记住了,我们就长知识了。哲学原理不是抽象的符号文字,而是对世界的根本看法和做事的根本方法,所以,学习哲学原理必须将这些原理融入心灵,成为我们看事物的眼光、办事情的方法原则。用现在时髦的话语说,就是要让哲学知识成为我们的哲学素养。因此,哲学学习既要考虑到同学们参加各类考试必须具备的必要知识,能够写出参考答案中的话语,不能多也不能少,同时,还要把有限的知识转化为我们的学科素养。如何做到这一点?我认为只有一条路,就是进行知识的深度学习,对每一个知识点进行"三维"深度学习。本书根据江苏省学业水平测试考试说明最新考点编写。考点前面的数字为考点序号,全书共有 44 个考点。A、B、C 为考点的能级要求:A 为了解;B 为理解;C 为运用。如何划分知识学习的维度?我是这样想的,可以将学习知识比喻为吃东西,食物是如何转化为我们的体能的?由此类推出知识学习如何成就我们的学科素养。首先是人要有饥饿感,有食欲,想吃东西;食物进入胃里要进行消化、吸收;最后被吸收的营养供给各个器官,成为各个器官各司其职所需的能量。由此,我着眼于知识的理解、消化、吸收与生长,将知识学习由浅入深划分为三个维度:生活经验、生活智慧与生活境界。

生活经验的学习维度对应着知识的理解。知识消化、吸收并内化为同学们的学科素养,首先要把知识"吃下去"。知识理解必须与学生的生活经验相联系。面对生活情境中的问题,当我们无法用原有的生活经验做解释时,我们学习新知识的欲望才会被"点燃",新知识才能在生活经验的基础上建构起来。比如,我们在日常生活中离不开水,水能解渴,水能灌溉,这些都是生活经验。一个水分子是由两个氢原子和一个氧原子构成的,这是具体科学知识。这些都不是对世界的总的看法和根本观点,这些观点不是世界观,上升不到哲学层面。如果我们把水看成是万物的本原,万物源于水,水生万物,这个观点就是世界观了,是一种哲学观点了。同样,老子认为,"上善若水,水善利万物而不争,处众人之所恶,故几于道"。将水的属性上升到自然之道、做人的准则,这就是哲学观点了。

生活智慧的学习维度对应着知识的消化与吸收。知识学习后要想内化为我们的哲学素养,必须对"吃进去"的知识进行消化和吸收。知识之所以需要消化就在于知识需要与生活情境相联系,并能在生活情境中表述出来。知识的吸收表明学生在陌生复杂的新环境中能够用新知识去发现问题、认识问题和解决问题,这些都需要生活智慧。比如,我们学习了"具体问题具体分析"这个哲学道理,但在具体情境中如何做到具体问题具体分析,这就需要哲学智慧了。孔子针对学生各自的特点,对"孝"做了不同的回答。孟懿子问孝,子曰:"无违。"孟武伯问孝,子曰:"父母唯其疾之忧。"子游问孝,子曰:"今之孝者,是谓能养。至于犬马,皆能有养;不敬,何以别乎?"子夏问孝,子曰:"色难。"孔子针对不同学生所具有的不同特点,能够将抽象化、教条化的哲学知识引向现实化的问题,所以,你发现孔子解决问题很轻松也很智慧。

生活境界的学习维度对应着知识的生长。知识的生长是以知识的理解、消化、吸收为基础,将知识转化为学科素养,突出表现在我们的认知能力、品德修养和实践能力的提升上。人的存在及其本质乃是生成着的,这种生成性只有通过实践本身对人的存在的塑造才能被表征出来并得到确证。比如,我们主张具体问题具体分析,用不同的方法解决不同的问题,但在实践中获得正确的方法是很困难的,矛盾的普遍性与特殊性的辩证关系原理,给我们提供了实践路径。事物虽然各不相同,但不同事物也有共性,我们可以借鉴经典案例,找出一般规律,再研究具体事物的特殊表现,做到共性与个性历史的具体的统一。例如,社会主义市场经济把市场经济的优点与社会主义制度的优越性很好地结合起来,用社会主义制度的优越性弥补了市场经济的弊端,又用市场经济激活了社会主义经济的活力。只有把哲学知识融入我们的精神文化层面,成为我们深厚的哲学素养,我们才能做到这一点。

同学们,如果这本小书能改变你对高中哲学课的看法,能稍许改变你的学习方式,进而能增进你的哲学素养,我会感到莫大的慰藉。本书编写仓促,许多事例未能深入展开阐述,在使用过程中若能提供宝贵意见,不胜感激。

目 录

前　言 / 1

A1　哲学是系统化、理论化的世界观 / 1
A2　哲学是世界观和方法论的统一 / 4
A3　哲学与具体科学的关系 / 6
A4　哲学的基本问题是思维和存在的关系问题 / 11
A5　划分唯物主义和唯心主义的唯一标准 / 14
B6　唯物主义的基本观点 / 19
A7　唯心主义的基本观点 / 23
A8　辩证唯物主义的物质概念 / 30
A9　世界的真正统一性就在于它的物质性 / 33
A10　物质和运动的关系 / 38
A11　物质世界是绝对运动和相对静止的统一 / 41
B12　规律的含义及其客观性与普遍性 / 45
B13　尊重规律，按照客观规律办事 / 49
B14　意识的本质和作用 / 54
C15　坚持一切从实际出发，实事求是 / 69
A16　实践的含义和特点 / 74
B17　实践是认识的基础 / 77
B18　真理是客观的、具体的、有条件的 / 84
B19　认识具有反复性、无限性、上升性 / 88
C20　坚持在实践中不断追求真理 / 91

- ◎ B21 联系的普遍性、客观性、多样性及其指导意义 / 100
- ◎ B22 整体与部分的辩证关系及其指导意义 / 106
- ◎ B23 发展的实质 / 112
- ◎ A24 事物发展的前途是光明的,道路是曲折的 / 118
- ◎ C25 量变与质变的辩证关系及其指导意义 / 122
- ◎ A26 唯物辩证法的根本观点 / 128
- ◎ B27 矛盾的含义及其基本属性 / 131
- ◎ A28 矛盾普遍性的含义 / 134
- ◎ A29 矛盾特殊性的含义 / 137
- ◎ B30 矛盾普遍性和特殊性的辩证关系及其指导意义 / 141
- ◎ B31 主要矛盾和次要矛盾的含义及其辩证关系 / 145
- ◎ B32 矛盾的主要方面和次要方面的含义及其辩证关系 / 149
- ◎ C33 坚持两点论与重点论的统一 / 153
- ◎ C34 坚持对具体问题作具体分析 / 157
- ◎ B35 辩证否定的含义及实质 / 164
- ◎ C36 坚持辩证否定观,树立创新意识 / 168
- ◎ B37 社会存在与社会意识的辩证关系 / 171
- ◎ A38 我国社会主义改革的根本目的 / 175
- ◎ B39 人民群众是历史的创造者 / 177
- ◎ B40 坚持群众观点和群众路线 / 180
- ◎ B41 人的价值的内涵及其评价 / 184
- ◎ B42 价值观的导向作用 / 186
- ◎ A43 正确的价值判断和价值选择 / 190
- ◎ C44 创造与实现人生价值 / 200

- ◎ 后　记 / 207

A1
◎ 哲学是系统化、理论化的世界观 ◎

生活经验

世界观是人们对整个世界的总的看法和根本观点

日常生活中，我们会对某些人或事形成一定的看法，比如，我们说张三是个乐观的人，李四是个悲观的人。这是对张三、李四具体人的看法，不是对整个人类的看法，因此，这些看法不是世界观。如果我们能进一步反思生活现象，我们发现，每一个人对世界的认识都受到他（她）的生活经历的影响，比如，童年的经历，故乡的风土人情、文化习俗，家庭人伦，这些独特的个体生活经历形成了个体看世界的不一样的视角，从而推断出每一个人因受个体独特生活经验的影响，都有其独特的内心世界，每一个人心中的世界各不相同。这种看法是对全体人类的看法，因而是一种世界观。

生活智慧

哲学是系统化、理论化的世界观

世界观人人都有，但并不表明人人都是哲学家。哲学需要对世界观进行系统化、理论化，形成思想体系。如，文艺青年香烟一叼，"人生如梦""那是一场游戏一场梦""人生就是一场赌博""人为财死，鸟为食亡""人生就是为了金钱""人不为己，天诛地灭"等观念都是对人生的总的看法，都是世界观，但它不是哲学，因为这仅仅是对生活的偶尔感慨、感叹、感受或感悟，这些零星的感受常常是矛盾的。哲学作为世界观的学说，不能出现相互矛盾的说法，需要理论论证、逻辑推理。比如，海德格尔的存在主义哲学认为人生是日常事务的"烦"和向死而生的"畏"，这里，人生的"烦""畏"不是简单的感受，而是经过理论论证的。

哲学是系统化、理论化的世界观，需要哲学家穷其一生做出艰苦努力。因为，哲学是对整个世界做出回答，不仅涉及自然界，还涉及人类社会以及人自身。而对这些方面的回答常常出现不一致的地方，所以就需要哲学家思考如何统一自己的哲学。比如，康德的批判哲学，有三大批判——纯粹理性批判、实践理性批判和判断力批判，为什么要写三大批判？因为，纯粹理性讲的自然的必然律，实践理性讲的是道德的自由，这两者如何统一？康德不得不再写一本《判断力批判》，以构建他的哲学体系。

漫画《动物听音乐》

动物是没有观念世界的，外界的印象在脑中停留的时间很短，动物听到的不是音乐而是零碎的音符，就如同我们一般人对世界的零碎感受。人听到的是完整的乐曲，感受的是内在的精神，如同哲学家的哲学体系。这只是打比方，并不是说，哲学家就高人一等。

生活境界

一则笑话

今天坐电梯,电梯上一个人打开一包巧克力,每个人分一个,没给我,我就伸手要一个,他愣了一会给了我一个。到了5楼,他们都下了,我才知道他们原来都认识,我竟然伸手要了一个!

师:请你谈谈对这件事的看法。

生:"我"太鲁莽了。

生:"我"没有想到,他们是一伙的。

生:伸手要一个,现在想起来尴尬,但当时不伸手要也尴尬。

师:大家都是从心理学的角度谈的,能否从哲学角度谈谈?"我"为什么没有想到他们是一伙的?在场的每人一颗巧克力,唯独"我"没有,"我"为什么会尴尬?一群人前后左右有说有笑地走在大街上,或者聚在一起聊天,"我"可以确认他们都认识。但现代技术可以把互不相识的人聚在一起(在电梯里)。中国传统文化讲究"和",家和万事兴、和气生财、和为贵,不轻易树敌。因为,繁重的农业生产需要整个村庄的劳力合力才能完成。在农村,送发礼品有"宁漏一庄,不漏一家"的习俗,因为大家伙抬头不见低头见,即使"主家"忘记,邻人或本人也可善意提醒,直至伸手索要。

师:这则笑话之所以能引起大家共同的感受,就是因为它不是"我"一个人的错,而是整个社会文化使然,是传统文化遭遇现代科技所引起的尴尬。当我们从世界观层面对问题展开追问时,我们的讨论就带有哲学味了。

A2
◎ 哲学是世界观和方法论的统一 ◎

生活经验

广东再现豪华婚礼，新娘挂70个金手镯

你认为新娘新郎的幸福观是什么？你怎么知道的？从新娘一脸的幸福、小鸟依人的样子可以看出，她对金手镯应该是喜爱的，对这种场面也是喜欢的。豪华婚礼，披金挂银，人们爱慕金钱，虚荣心泛滥，讲排场，极尽奢华。也就是说，我们可以从一个人行事的方式方法中看出一个人的世界观，即方法论体现世界观。

生活智慧

儒家的积极进取与道家的无为而无不为

一个人为什么有这样的做事的方式方法，而不是那样的做事的方式方法？

归根到底是由他（她）的世界观决定的。比如，儒家做事的原则是明知不可为而为之；道家做事的原则是无为而无不为。为什么会造成两者这么大的差距呢？

《论语》中对孔子有一段记载："在陈绝粮，从者病，莫能兴。子路愠见曰：'君子亦有穷乎？'子曰：'君子固穷，小人穷斯滥矣。'"孔子认为，君子即使在窘迫潦倒的情况下也不能放弃做人的道德。相反，庄子不怕挨饿，楚威王派人请他做官，他钓鱼，持竿不顾。庄子有官不做，出仕对儒家来说是巴不得的事，正是自己建功立业的好时机。两者为人处世的方式差距怎么这么大呢？这是由他们各自不同的世界观决定的。

世界观决定方法论。孔子从人与动物的差异出发，倡导仁、义、礼、智、信五德。人道有为，人要追求德性，明知不可为而为之。孟子说："人之所以异于禽兽者几希，庶民去之，君子存之。"道家讲天道无为，无为而无不为，人与天地万物相协调。老子说："天地不仁，以万物为刍狗；圣人不仁，以百姓为刍狗。"人与万物没有什么不同，庄子的齐物论就宣扬了这种思想。所以，我们读庄子的文章都是在赞美自然的伟大，秋水的无边无际，《逍遥游》中大鹏的高大威猛，一挥翅膀就有三千里，而人是非常渺小的，所以，人不能妄为。

生活境界

童话《渔夫和金鱼的故事》

普希金的童话《渔夫和金鱼的故事》，想必大家都熟悉。童话中的老妇人的行为方式有无变化？当然有，从又穷又酸的老太婆，到贵妇人，再到女王，从原先只能使唤老渔夫，到使唤仆人，甚至可以动用皇宫里的卫队。但老妇人的内在的精神品性没有改变，贪婪、强势、以自我为中心，还带有强烈的家暴行为，这些方面一点也没有改变，改变的只是表面的财富和社会地位，而自身的世界观没有改变。因此，外来的因素给人带来的变化只是表面的，而人的世界观、方法论是很难改变的，它需要自身的品德修炼。外在的因素不仅很难改变自身的品性，甚至使我们人性中的恶性显现出来，有些贪官在悔过书中谈到，自己放松了世界观的改造，权力的获得最终为自身的恶德的实施提供了便利。

A3
◎ 哲学与具体科学的关系 ◎

生活经验

我们谈到哲学有什么样的感觉？

我们一谈到哲学就有抽象、玄虚的感觉。这是由哲学的研究对象和研究方法决定的。哲学研究整个世界，怎么研究？是否要把每一个领域都研究一遍？显然，这是不可能的，这是在重复具体科学所做的事，所以说，"哲学是科学之科学"是大错特错了。具体科学研究的是世界的某个具体领域，揭示的是该领域的具体规律。如，物理学的研究范围是分子以上的宏观物理学和原子以下的微观物理学；化学的研究范围是分子和原子之间的领域；生物学的研究范围是动植物以及微生物的遗传和变异；经济学研究经济现象及其经济规律；另外，政治学、法学、史学、文学等都有各自的研究对象。

哲学问题不同于科学问题。人为什么有生有死，这是生命科学的问题；可人如何对待生与死，这是哲学问题。水到0度会变成冰，到了100度就会变成汽，这是生活常识，从中可以发现量变能够引起质变，引出量变质变规律，这是哲学智慧。知道数学有正数与负数，力有作用力与反作用力，化学有化合与分解，生物学中有遗传与变异，这是科学常识，可从中发现一分为二和合二为一，引出对立统一规律，这是哲学智慧。哲学是对具体科学所揭示出来的具体规律进行概括和升华，使其上升为世界最一般、最本质的规律。

具体科学是哲学的基础

哲学的发展是靠哲学家对整个世界进行苦思冥想吗？当然不是，明代大儒王阳明年轻时相信朱熹的格物致知，于是面对竹子冥思苦想七天七夜，最后晕过去，也没有得到什么真理。哲学的发展不是哲学家的冥思苦想，而是人类在具体科学领域的实践中开启的。具体科学的发展表明人们对世界某一具体领域有了新的发现，必然对世界有新的看法，因而能推动哲学的发展。所以说，哲学的发展是由具体科学推动的。

生活智慧

哲学对具体科学提供世界观与方法论的指导

2015年10月，屠呦呦获得了诺贝尔生理学或医学奖，成为了首位获得科学类诺贝尔奖的中国人，获奖原因是她发现了可以有效治疗疟疾的药物——青蒿素。青蒿素可以有效降低患疟疾人群的死亡率，挽救了全球特别是发展中国家数百万人的生命。从哲学视角看，该研究的前提不是青蒿素为什么能够治疗疟疾，而是自然界中有没有治疗疟疾病的东西存在。

我国古代先哲认为，自然界万事万物都是相生相克的。如果一事物没有天敌，什么事物都治不了它，它将疯长并占据世界。事实上，这种事物是不存在的，一切事物要变化首先内部存在对立的两个方面，两个方面的力量变化是在外部条件变化下发生的。没有一个孤立的事物，只要找到引起它变化的条件，控制这些条件，就能控制它的变化。面对埃博拉病毒，我们坚信自然界中一定有能克制它的一个天然的东西，尽管我们还没有找到。相反，如果我们不相信自然的相生相克，不相信因果律，如果我们认为，疾病是超自然的神秘力量主宰的，那么，我们面对疾病只能祈求神灵。所以，哲学为具体科学提供世界观和方法论的指导。

生活境界

为什么哲学能对具体科学提供世界观和方法论的指导?

这个问题涉及哲学与具体科学是共性与个性、一般与特殊的关系问题。因为哲学揭示的世界的共性,对整个世界都适用,因此,对人类未知领域的探索可以用哲学思想指导,能取得成果。假如人类已揭示了世界5%的秘密,那么从这5%之中概括总结出来的最普遍、最本质的规律也适用于对95%的未知世界的研究。

牛顿研究上帝"第一推动力"

著名的大科学家牛顿是这样说的:"一切物体开始运动必有第一推动力,那就是造物主。这个美丽无比的太阳、行星和彗星的体系只能借一个万能的、灵智的、具有权威的存在体——上帝的计划而存在。"牛顿后半生发现宗教中关于上帝的种种论述博大精深,科学不能与之相比,遂放弃科学转而致力于研究神学、《圣经》。其一生所有作品超过80%都是神学著作。他毕其半生,写了140万字的手稿,求索《圣经》密码,终因复杂的计算庞大而烦琐未能破解。一个年轻的大科学家后半生却一事无成。

所以说,没有科学的世界观、方法论指导,对具体科学的研究将会误入歧途,只是浪费时间、精力,而不能推动具体科学的发展。

我的哲学小品文

从手掌到衣袋

　　谁都知道，人赤条条来，赤条条去，不带走一片云彩。但我们总是有许多事情放不下，有许多人和事让我们牵肠挂肚，有许多名和利让我们绞尽脑汁、机关算尽，有许多情和意让我们辗转难眠。红尘滚滚，竞相追逐。勾心斗角、吵得面红耳赤，活着真累。有时羡慕丛林中的狮子，优哉游哉，偶尔为食物厮杀，然后躺在草原上睡大觉。人的祖先也是动物，为什么我们会顾及那么多？

　　因为我们有手。动物出行什么也不带，自己的身体就是全部，四肢在大地上行走，脚趾间不带一枚硬币，皮毛间也没有隐匿，生来如此，大自然给了它们生存的本领，钢牙利爪是天赋的。动物很少用上肢拿东西，大凡能用上肢拿东西的，是比较高级的灵长类动物，尽管如此，它们的上肢主要还是用于攀爬。人的上肢几乎不是用于动物性的攀爬，而是用来拿东西的，即使是原始人也要身背弓箭、手拿木棍。没有人出门敢像动物一样什么都不带。古往今来，从未违背。上帝赋予了人以手也剥夺了人的自然力。人有了手就可以制造工具，而不受自然物的限制。随着人能力的增强，人越来越远离了自然，向心灵深处、更深处反省追问，同时人也拥有越来越多的财富，因为有手可以拿，人的物欲也越来越膨胀。手让人远离物质，也让人疯狂地占有物质。这就是手的悖论，也是人的悖论。我们越反省心灵，就越远离自然，越有人的精神，同时人的能力就越强，对自然物的占有欲越多，越被物欲所困扰。我们的出行从来就没有一条狗轻松。

　　原始人没有衣服，只是身披兽皮树叶，光着屁股满地跑，除了手里能拿住的、身上能背上的，再也带不走什么了。随着文明时代的到来，当人们会纺纱织布时，衣服的口袋成了物欲满足的延伸工具，接着是肩扛担挑、车载马拉，越文明能带的财富就越多。文明让我们出行时怀揣身份证，包藏电脑、手机、房产证、银行卡，一只小包可以把我们的万贯家产带走，整个世界可以随我而动。将我们双手的手掌贴在大地上，我们已经不习惯了，我们也不习惯用手爬树，我们的手习惯"握""拿""抓""抢"。有一个词语叫撒手人寰，手与我们的世界紧密相连。其实，我们的手终究是抓不住世界的，能与世界同在的只是我们的一颗心。心与手相连，贪婪之心，必伸手抢夺；恻隐之心，必援手相助；沉静之心，世界才能走进我们，我们才能走进世界，日出日落、云卷云舒、林间飞鸟、山坡青草、南山悠然、衣带飘飘，拿得起、放得下，生活原来如此美好。

A4
◎ 哲学的基本问题是思维和存在的关系问题 ◎

生活经验

哲学是如何研究整个世界的？

这里要理清三个问题。

第一，哲学研究整个世界，不能一个领域一个领域地去研究，这就有取代具体科学的危险，即使有人有精力研究每一个领域，这样的哲学研究与具体科学之和没有差别，其存在也没有任何意义。

第二，哲学所研究的整个世界是指人的世界。

南京玄武湖有个莲花广场，有莲花仙子和莲花童子的雕像。我想，与莲花最密切的动物应是荷塘里的青蛙了。青蛙心目中的莲花仙子应该是一只健硕的青蛙，而不是一位美丽可爱的少女。美丽可爱的少女只是人类心目中的莲花仙子。所以，哲学是对整个世界的认识，这个世界当然是人的世界。这一点，黑格尔要比康德聪明，康德认为，世界只是我们认识到的世界，而真正的世界不可知，黑格尔认为，既然我们无法知晓物自体，我们就抛开物自体，认定世界就是我们所在的世界。

第三，人的世界只有两种现象，一种是不以我们意志为转移的客观物质世界，无论你怎么想，世界还是那样；另一种是我爱想谁就想谁的意识世界。

所以，哲学如何研究整个世界，首先要回答"不以我们意志为转移的物质世界"与"我爱想谁就想谁的意识世界"的关系是怎样的，这就是哲学的基本问题。

生活智慧

揭古代妃子、阿哥真实照，样貌丑、气质差，看了吓一跳！

一个人成熟还是幼稚？伟大还是卑劣？善良还是罪恶？主要是主观世界的改造。因为意志的最大特点是自由，人变得成熟、伟大或善良的过程就是主观世界不断与客观世界相符合的磨炼过程。孔子说："吾十有五而志于学，三十而立，四十而不惑，五十而知天命，六十而耳顺，七十而从心所欲，不逾矩。"人生的修炼就是主观世界的修炼，就是要处理好物质与意识的关系问题。

在一般人的想象中，皇帝的妃子当然是非常美丽的，因为他们认为，皇帝是为所欲为的，所以他们竭尽自己的想象力来想象妃子的美貌。事实上，皇帝迎娶妃子是各种政治势力博弈的结果，更多的时候我们感到皇帝很可怜。这是有修炼的主观世界与没有修炼的纯粹自由的主观世界的区别，也是一个人不断完善的修炼过程。思维与存在的关系问题始终是人们面临的基本问题。

生活境界

童话《皇帝的新装》

《皇帝的新装》中的骗子是如何控制大臣和皇帝的思维的？骗子的共同

特点就是能抓住你的心理,你的欲望就是你的弱点,人人都有弱点,因为人人都有欲望。骗子对你思维的控制恰恰是从你的欲望出发的。

首先,针对皇帝爱慕虚荣、骄奢淫逸的特点,骗子许诺新衣服的特殊功能——能辨别愚蠢的人。面对这样的许诺,皇帝是怎么想的?骗子会知道皇帝怎么想吗?骗子当然知道皇帝的想法,他们基本上控制了皇帝的想法,直至迟迟没有新衣服的消息,皇帝会派大臣查看,等等情况都在骗子的掌控之中。

其次,当第一位大臣面对空的织布机,大臣怎么想的?骗子知道不知道大臣会怎么想?当然知道。大臣会怀疑这两个人是骗子,是来愚弄皇帝的,作为大臣应该向皇帝禀报实情,杀了两个骗子。但大臣不敢,皇帝可能不相信大臣,因为相信了大臣就意味着"能识别愚蠢人的衣服"是不存在的,而这一点正是皇帝不愿放弃的欲求,所以,皇帝极有可能认定大臣是愚蠢的,面对如此下场,大臣屈服了。所以,只要骗子装腔作势地摆弄织布机,就不会出现问题,骗子稳操胜券。大臣不怕骗子,怕的是皇帝,怕的是皇帝做事的骄横作风,怕的是皇帝不善于思考、只听一面之词的愚蠢行径。

再次,其他大臣怎么被摆平的?因为有了第一位大臣的佐证,再加上皇帝平时的作风,其他大臣也不得不屈服。最后,皇帝明明看不见衣服,也要让国人看着自己赤身裸体的丑态,因为如果自己说出了看不见衣服,就表明自己是愚蠢的人,这一点皇帝是无法接受的。最后,不得不不穿衣服裸奔。

最后,是谁制造了皇帝的裸奔?或者说,骗子为什么会轻易获得成功?根本上是皇帝本人造成的。

A5
◎ 划分唯物主义和唯心主义的唯一标准 ◎

生活经验

判断下列观点,是唯物主义的? 还是唯心主义的?

泰勒斯的哲学观点用一句话来总结就是"水生万物,万物复归于水",他认为世界本原是水。

范缜《神灭论》的逻辑前提是"形神相即",相即的意思是相互依存,不可分离;形神相即即精神不可离开形体而存在,"形存则神存,形谢则神灭"。

王充认为,万物是由于物质性的"气"自然运动而生成的,"天地合气,万物自生"。

费尔巴哈认为:"思维是从存在而来的,然而存在并不来自思维。……存在只能为存在所产生。"

英国大主教贝克莱的观点:"物是观念的集合","存在就是被感知","对象与感觉原是一种东西"。

王阳明认为:"万事万物之理不外于吾心。物理不外于吾心,外吾心而求物理,无物理也。"

柏拉图认为,世界的本原是"理念",现实中的事物都是"理念"的摹本。

人的知识来源于对"理念"的回忆。

朱熹认为，理超越于天地万物之上，是永恒的，是不生不灭的存在。

生活智慧

有人认为，追求物质利益就是唯物主义，强调精神文明就是唯心主义

首先，应该明确划分唯物主义与唯心主义的标准，物质与意识何为本原的问题，是划分唯物主义与唯心主义的唯一标准。物质是本原，先有物质后有意识，物质决定意识的观点，就是唯物主义；意识是本原，不是物质决定意识，而是意识决定物质的观点，就是唯心主义。唯物主义和唯心主义只能在存在和思维何者为第一性的意义上使用，如果加上其他意义就混乱了、不科学了，题中观点混淆了唯心主义与唯物主义的界限，因此是错误的。

需要对追逐物质利益和强调精神文明做全面分析，追求物质利益不一定是唯物主义，如果违背社会发展规律，不顾客观条件，主观蛮干地追求物质利益，就是唯心主义；强调精神文明也不一定就是唯心主义，如果在承认物质的决定作用的前提下，重视意识的作用，强调精神力量的作用，这不但不是唯心主义，而恰恰是辩证唯物主义的表现。

寓言《郑人买履》

郑人有欲买履者，先自度其足，而置之其坐。至之市，而忘操之。已得履，乃曰："吾忘持度！"反归取之。及反，市罢，遂不得履。人曰："何不试之以足？"曰："宁信度，无自信也。"（《韩非子·外储说左上》）

这则寓言的解读可以从以下几个方面进行。

第一，郑人相信自己的脚还是相信尺寸？"宁信度，无自信也。"显然相信尺寸，而不相信自己的脚。

第二，脚的大小与脚的尺寸比较，哪一个是第一性的？显然是先有脚，后有脚的尺寸。

第三，相信第二性的脚的尺寸，而不相信自己的脚是唯心主义。在这里，唯心主义的危害只是没有买到鞋，事实上，假如脚生长得快，即使按照尺寸买到了鞋也不能穿。想问题、办事情必须从不断变化的客观实际出发,不能从教条出发,否则会犯了"本本主义"的错误。

生活境界

为什么说,对物质与意识何为第一性的不同回答是划分唯物主义与唯心主义的唯一标准?

对这个问题的深入思考,必须要回答以下三个小问题。

(1) 为什么哲学首先要回答的是世界是什么的问题?

哲学是关于世界观的学说,是一个对整个世界的根本看法的学说,所以哲学首先要回答世界是什么的问题。如果对世界是什么的问题都纠缠不清,那么关于世界的其他观念就没有必要阐述了。对世界是什么的回答只有两种可能,一是世界是物质的;二是世界是意识的。当然还有第三种答案,就是说,世界有两个本原,物质和意识都是世界的本原,这就是二元论,而二元论最终会倒向唯心主义。

(2) 为什么对哲学基本问题的第二个方面问题的不同回答不能作为划分唯物主义与唯心主义的标准?

对哲学基本问题的第二个方面问题即思维与存在有无同一性的回答,不能作为划分唯物主义与唯心主义的标准。因为唯物主义者都是可知论,而不可知论都来自唯心主义者。唯物主义要集中力量解决物质的问题,物质是什么?物质怎么样?其前提条件是思维能认识存在,如果思维不能认识存在,那么一切解释都是胡说。唯心主义专注于人的意识,解释人的思维,发现我们的世界只是意识中的世界,而真正的物自体我们无法认识。

(3) 为什么说世界"怎么样"从属于世界"是什么"?

当我们回答世界"怎么样"时,其前提是世界"是什么",即什么东西怎么样。首先确定了世界是物质的，然后才有物质世界是相互联系的还是孤立的、是变化发展的还是静止不变的、是对立统一的还是只存在一种属性等不同回答。因此，辩证法与形而上学只能与唯物主义与唯心主义相结合，不构成哲学的基本派别。

我的哲学小品文

为什么植物会被等同于自然

老子说，"人法地，地法天，天法道，道法自然"，自然是道家的最高追求。为什么说到自然，我们不会想到炙热的太阳、阴冷的月亮，满天的星星也不被认为是自然，更不要说，风沙寒流、地震海啸也不被认为是自然了。当我们面对青山绿水、瀑布水流，我们会心情愉悦地说，这就是自然。进一步深究一下，我们心目中的自然几乎等同于植物，尤其是树木和森林。

在人的意识中，植物为什么会等同于自然？自然是"人的世界"的自然，与人有相似的地方的事物，人们才有一种亲近感，一般我们不会效法无生命的物体，因为差别太大了，根本没有什么可比性。老子认为水处于没人愿意处的低位，却能滋润万物，水能以柔克刚，这些都是对水的人格化想象。《周易》中说"天行健，君子以自强不息"也是这个道理，都是把物体的某种特性进行人格化处理的。所以，我们说水是自然，肯定是流动的水，有一种生命的象征，而绝不是一潭死水。我们说山是自然，一定有象征着人的稳重人格，而不是一堆乱石。树木、森林等同于自然，是因为它们有生命，它们上接空气雾霾、阳光雨露，下接地气土壤、水分营养，它们上通下达，与天地融为一体，与我国天人合一的精神文化追求相契合，所以我们在下意识中就会把植物看作自然。

植物为什么会被等同于自然？这种观点蕴含了儒家的现实进取心。植物是有追求的，它向上争阳光雨露，下争水土营养，努力做到枝繁叶茂、根深干壮。一粒树种飘落在岩缝中也要生根发芽。一粒乔木的种子被水流冲上岸边，在一片丛林中，它会等待时机，当周围的某棵大树走到生命的尽头，它就会抓住时机，占领死去的大树留下的空间。在没有时机的时候，它也会耐心等待一天之中偶尔从树叶间散落下的一点点光线，从不焦虑，慢慢等待。

植物为什么会被等同于自然？因为植物不越矩，以天生之本能安身立命。高大的乔木、低矮的灌木、攀爬的藤本、贴近地面生长的菌类，它们各有各的地盘，各有各的优势。蘑菇天生是菌类，就安安稳稳做一个蘑菇吧，它喜爱阴暗潮湿，并不因为大家都喜欢阳光雨露，也去争，如果不应该是自己的，争过来的阳光会把它晒死。藤蔓就是藤蔓，天生就依附高大的乔木，没有什么难为情的，没有强大的根基，还能获得雨露，分得一杯羹，靠什么？生命的本能要它依附攀爬。而乔木的种子，生命的机缘将它带上岸边的那粒发芽的种子，它知道，生来是乔木，尽管没有足够的阳光雨露，也不会像没有骨头的藤蔓依附他人，要等待，要继续等待，和地球一起转动，从不停息。

B6
◎ 唯物主义的基本观点 ◎

生活经验

古代唯物主义者认为，世界本原的物质究竟是什么？

在古代，思想家们观察宇宙，看来看去就是一些自然界的具体的物质形态。既没有钢筋混凝土，也没有五金电器，人们所见到的物质是很有限的自然物，如水流、泥土、树木、岩石、火焰等。《尚书·洪范》认为，水、火、木、土、金是世界的本原，五行相生相克，产生万物。这种朴素的观念与古代社会落后的生产力水平相适应，无法解释这五种简单物质是如何演化出万事万物的。

古代社会从男女阴阳产生人类繁衍，用来解释物质世界的本原有其辩证法思想。荀子认为，"天地之变，阴阳之化"，"天地合而万物生，阴阳接而变化起"，把世界的本原归结为男女阴阳、动植物的雌雄。这种朴素的辩证法思想也不能科学解答万事万物的共同的本质。

中国古代朴素唯物主义的最高成就在于把万事万物归结为"气"，这在古代是对物质最大程度地抽象概括了，尽管如此，"气"仍然是具体的物质形态，太阳的蒸蒸阳气与地表的氤氤阴气相互交合产生了万事万物。王夫之明确提出，宇宙是由元气所构成的物质实体，认为"气者，理之依也"，"阴阳二气充满太虚,此外更无他物"。

这些观点在根本上坚持了物质决定意识,这符合唯物主义的基本观点,但是用物质的具体形态无法替代作为万事万物的共性的哲学物质概念,因而也不能科学地解答唯物主义的物质究竟是什么。

近代形而上学的唯物主义又是怎么解释世界的?

近代科学的发展使人们对物质的概念加深了认识。人们发现物质之所以千差万别,是因为不同事物是由不同分子构成的,分子又是由原子构成的,原子是构成万事万物的元素,物质就是原子。17世纪法国唯物主义哲学家伽森狄认为,宇宙由原子和虚空构成,原子是永恒运动的,虚空是原子运动的场所。世界是物质的世界,"物质是按一定次序结合的,不可分、不可灭的原子的总和"。但随着科学的发展,人们发现原子还可以再分,如果把再分出来的"微粒"作为世界的本原,还是不能解决问题,因为物质可以无限再分,近代形而上学唯物主义哲学大厦的基石轰然倒下。

马克思主义哲学又是如何解释"物质"概念的?

辩证唯物主义和历史唯物主义不仅在自然观上坚持了唯物主义,而且在历史观上发现了人类社会的物质性,是彻底的唯物主义。从万事万物中揭示出它们共同的本质,即客观实在性。物质是什么?物质就是不同于主观意志的客观实在。尽管抽象却精准地揭示了物质的概念,哲学概念本应该就是抽象的。

马克思一生有两大发现,一是劳动价值论;二是历史唯物主义。在马克思主义哲学之前的所有哲学在历史观上都是唯心的,马克思发现了人类社会的物质性,发现了纷繁复杂的社会现象背后隐含着客观规律,人类社会的发展并不是随人的主观意愿而改变的,在本质上,人类社会是一个客观的物质体系。

生活智慧

如何把握现实生活中的物质状态?

中日、中韩、中朝的物质状态是什么?套用三种唯物主义的物质概念,我们会发现对物质客观实在性的认识可以给我们带来生活智慧。古代朴素唯物主义把两国关系用一个本质不变的东西固定死,仅仅把一种具体关系(如经贸关系)看成两国关系的本源。近代形而上学唯物主义把两国关系看作一个固定不变的结构,将国家的关系结构看成静止不变的。只有辩证唯物主义和历史唯物主义把两国关系看做一种客观实在,不以我们意志为转移的客观实在,是不断变化的,又是无限丰富多样的、充满矛盾的一个实在。两国之间没有永远的朋友,也没有永远的敌人。经贸往来、领土争端、合作还是对抗都不是不变的,充满了变数。

生活境界

梁衡散文《把栏杆拍遍》(节选)

我常想,要是为辛弃疾造像,最贴切的题目就是"把栏杆拍遍"。他一生大都是在被抛弃的感叹与无奈中度过的。当权者不使为官,却为他准备了锤炼思想和艺术的反面环境。他被九蒸九晒,水煮油炸,千锤百炼。历史的风云,民族的仇恨,正与邪的搏击,爱与恨的纠缠,知识的积累,感情的浇铸,艺术的升华,文字的锤打,这一切都在他的胸中、他的脑海,翻腾、激荡,如地壳内岩浆的滚动鼓胀,冲击积聚。既然这股能量一不能化作刀枪之力,二不能化作施政之策,便只有一股脑地注入诗词,化作诗词。他并不想当词人,但武途政路不通,历史歪打正着地把他逼向了词人之道。终于他被修炼得连叹一口气,也是一首好词了。说到底,才能和思想是一个人的立身之本。像石缝里的一棵小树,虽然被扭曲、挤压,成不了旗杆,却也可成一条遒劲的龙头拐杖,别是一种价值。但这前提,你必须是一棵树,而不是一棵草。从"沙场秋点兵"到"天凉好个秋";从决心为国弃疾去病,到最后掰开嚼碎,识得辛字含义,再到自号"稼轩",同盟鸥鹭,辛弃疾走过了一个爱国志士、爱国诗人的成熟过程。诗,是随便什么人就可以写的吗?诗人,能在历史上留下名的诗人,是随便什么人都可以当的吗?"一将成名万骨枯",一员武将的故事,还要多少持刀舞剑者的鲜血才能写成。那么,有思想光芒而又有艺术魅力的诗人呢?他的成名,要有时代的运动,像地球大板块的冲撞那样,他时而被夹其间感受折磨,时而又被甩在一旁被迫冷静思考。所以积300年北宋南宋之动荡,才产生了一个辛弃疾。

如果生活都如人意,人生还有什么爱恨情愁?我们要感激存在。无论多么不公正,多么委屈,多么令人气愤,所有的存在都是对我们精神的历练。个人主观世界修炼到什么程度,不是我们个人主观选择的结果,而是一个必然的客观运动的过程。你情感激荡、心潮澎湃,你辗转难眠、如鲠在喉、不吐不快,你捶胸顿足、呼天抢地,都是存在在你身上的体现。

A7
◎ 唯心主义的基本观点 ◎

生活经验

寓言《掩耳盗铃》

范氏之亡也,百姓有得钟者。欲负而走,则钟大不可负;以锤毁之,钟况然有音。恐人闻之而夺己也,遽掩其耳。恶人闻之,可也;恶己自闻之,悖矣。

以为自己听不见,别人就听不见,进一步推论得出,世界以我的主观感受为转移,这是标准的主观唯心主义。主观唯心主义有一些迷人的地方,中国哲学史上著名的主观唯心主义是王阳明的心学。

生活智慧

王阳明的主观唯心主义

王阳明问弟子:什么是天地的心?

弟子说:人是天地的心。

王阳明问:什么是人的心?

弟子说:只是一个灵明。

王阳明解释说:我的灵明便是天地鬼神的主宰。天没有我的灵明,谁去仰他高?地没有我的灵明,谁去俯他深?鬼神没有我的灵明,谁去辨他吉凶灾祥?

王阳明的主观唯心主义有三个著名的观点。

(1)心外无物。"你未看此花时,此花与你同归于寂;你来看此花时,则此花颜色一时明白起来,便知此花不在你的心外。"

"心外无物"听上去很有道理,"花之开"我没有看见,对我来说我的世界里没有花开,花是死寂的。当我看到"花之开",我的世界里才有花开的影像。这个说法一点没错,但王阳明混淆了"花之开"对我的意义与"花之开"的客观存在之间的关系。事实上,对象的意义的改变是以对象已经存在为前提的。

(2)致良知。致良知是王阳明的心学主旨。语出《孟子·尽心上》:"人之所不学而能者,其良能也;所不虑而知者,其良知也。"王阳明认为,"致知"就是致吾心内在的良知。这里所说的"良知",既是道德意识,也指最高本体。他认为,良知人人具有,个个自足,是一种不假外力的内在力量。

良知是自足的精神品性还是在生活实践中不断发展的道德品质?人一出生只是有了一切道德品质发展所依赖的生理基础。"致良知"即是在实际行动中实现良知,知行合一。在王阳明的知行合一的观点中,我们能更好地理解"致良知","良知"是"知是知非"的"知","致"是在事上磨炼,见诸客观实际。良知不是对事物的正确认识,而是对事物的价值观念,即将对事物之知与自身的需求联系起来,也就是对事物的认识与主体的内在需求达到合一。"致良知"是王阳明心学的本体论与修养论直接统一的表现。

(3)知行合一。"爱因未会先生'知行合一'之训,与宗贤、唯贤往复辩论,未能决。以问于先生。先生曰:'试举看。'爱曰:'如今人尽有知得父当孝、兄当弟者,却不能孝、不能弟,便是知与行分明是两件。'先生曰:'此已被私欲隔断,不是知行的本体了。未有知而不行者。知而不行,只是未知。圣贤教人知行,正是要复那本体,不是着你只恁的便罢。故《大学》指个真知行与人看,说'如好好色,如恶恶臭'。见好色属知,好好色属行,只见那好色时已自好了;不是见了后又立个心去好。闻恶臭属知,恶恶臭属行,只闻那恶臭时已自恶了;不是闻了后别立个心去恶。如鼻塞人虽见恶臭在前,鼻中不曾闻得,便亦不甚恶,亦只是不曾知臭。就如称某人知孝、某人知弟,必是其人已曾行孝行弟,方可称他知孝知弟。不成只是晓得说些孝弟的话,便可称为知孝弟。又如知痛,必已自痛了方知痛;知寒,必已自寒了;知饥,必已自饥了:知行如何分得开?此便是知行的本体,不曾有私意隔断的……"(王阳明《传习录》)

笔者以为,人的行动需要情感的驱动,王阳明把情感驱动过程也看出行动本身了。知识与知识中的内在情感本应该是合一的,按照现代知识论而言,这种知识属于个人知识。但知识本身也具有客观性,即从个人知识可以概括出公共知识,此时,知识发现者的情感成分与发现知识的情境全部遮蔽了。在现实中,知与行的割裂是有的。

总之,王阳明强调"心外无物",心是什么?心是良知,知就是行。这集中体现了王阳明的主观唯心主义思想。

朱熹的客观唯心主义

朱熹的名言:"理生万物,理主动静,未有此气,已有此理。"不难得出,朱熹理学主张世界的本原是"理",具体而言,有两个言论值得仔细把玩。

一、如何理解理与万事万物的关系?

朱熹用"理一分殊"四个字进行概括。"理一分殊"是中国宋明理学讨论一理与万物关系的重要命题,源于唐代佛教华严宗和禅宗。张

载在《西铭》中说,"乾称父,坤称母","民吾同胞,物吾与也。天地之塞吾其体,天地之帅吾其性"。后来的思想家从中发挥万物同属一气的观点。程颐把张载的上述思想概括为"理一分殊"。朱熹把"理一分殊"作为其理一元论哲学的重要命题,从本体论角度指出,总合天地万物的理,只是一个理,分开来,每个事物都各自有一个理。然千差万殊的事物都是那个理一的体现。他说:"天地之间,人物之众,其理本一,而分未尝不殊也。"知其理一,所以为仁,便可以推己及人;知其分殊,所以为义,故爱必从亲人开始。朱熹又把总天地

万物之理,说成太极。太极便是最根本的理,"理一分殊"就是太极包含万物之理,万物分别完整地体现整个太极,"人人有一太极,物物有一太极"。

二、月印万川,洒在江湖,则随处可见。如何解读朱熹的"月印万川"?

"月印万川",月即明月,高挂天空即一而已,而散在江河湖海,从水面观之,则随处可见水底之明月。"太极"的道理也一样,"太极"是天地运动的总规律,在天地间也仅即一而已,而散落到自然界和人类社会,则随处可见,它反映在万物上,反映到人身中、人事里,反映在股市里、物价上,反映到教育上、学习中,反映在军事里、战争中,反映到养生中、锻炼里……无处不在,无处不有。所以,朱熹概述太极之理时指出,"物物有一太极,人人有一太极,事事有一太极,时时有一太极",为了使其更形象直观,他又指出:它像似"月印万川,洒在江湖,则随处可见"。朱熹用这一比喻,极其形象、生动地高度概述了天地间这一"太极"运动的总规律,映照出自然界和人类社会共存之"太极",其道理相同,哲理相通,朱熹的这一比喻,是对"天人一理"或"天人合一"等传统文化的核心理论最完美的解读。

生活境界

黑格尔的客观唯心主义

有两句话可以帮助我们理解黑格尔的客观唯心主义。第一句话是:绝对即精神。第二句话是:实体即主体。

先谈"绝对即精神"。黑格尔的问题是,理性的自我批判是如何可能的?我们只能认识意识范围之内的"为意识的对象",而不可能认识对象自身,亦即"自在的对象"。黑格尔认为,在认识活动中,不仅出现了新知识,而且也出现了新的对象,而对象的改变就意味着原来被意识以为是"自在的对象"的对象,现在变成了"为意识的对象"。打个比方,意识好比是心灵之灯,灯光亮一点,事物就会看得更清楚一点。灯光亮到什么程度,事物就显现到什么程度。灯光亮度的最大化,就是精神的最大值,即绝对精神,当绝对精神运行到最大值时,存在(绝对)就成为本身了。所以说,人类精神的认识活动归根到底乃是绝对精神的自我运动，人类精神认识绝对的过程就是绝对对自己成为绝对精神的过程，所以人作为精神性存在并不在绝对之外，不如说它就是绝对精神的代言人，因而当它认识了绝对之时，也就回到了自身之内。这就是黑格尔的"绝对即精神"。马克思精辟地指出，黑格尔哲学是头脚颠倒的哲学。

再谈"实体即主体"。简单地说，就是实体自身也是能动的，在其自身内部就蕴含着否定性和矛盾。由于实体自身就具有能动性，所以它自己否定自己而成为发展出来的现实。而这个过程是通过人类精神对于绝对的认识活动来实现的。换言之，绝对通过它的代言人——人类精神而自己认识自己，最终成为绝对精神。宇宙不过是"绝对"的"外化"，其目的是通过"外化"的方式展开自身，最终通过人类精神的认识活动达到自我意识，而且只有达到自我意识的"绝对"才是真正的现实。绝对是潜在的，绝对精神是现实的。绝对精神其实就是人类精神的绝对化和本体化。我们的思想能够存在于事物中的客观精神。理性不仅仅是主观的理想性，而且是事物的本质，而事物归根到底要符合自己的本质，所以合乎理性的东西一定会成为现实，另一方面，只有合理性的东西才能成为现实。

我的哲学小品文

感同身受与自作自受

人人都有向死而生的畏惧，祈求长生不老，这其实是一个生的欢愉与身的感受的悖论。我们之所以有贪生怕死的念头，是因为有生的欢愉；我们之所以有生的欢愉，是因为有身体的感受；我们之所以有身体的感受，是因为身体是活的、有生命的、生长的，正是因为身体是活的，我们才有身体的感受，感受到欢乐和幸福，也正因为身体是活的，我们才会老去。有生就有老，不老意味着不变化、生命的停滞，所以，生就意味着老，不老就意味着不生。

　　物种有延续,新陈有代谢,人生一世,草木一秋。春去春又回,黄叶落下,新芽露出。初夏,碧绿的树叶与死去的树叶一样曾在风中摇曳生姿,在雨中勃发生机;子女与父母一样或谨小慎微,或张扬跋扈。枯叶在新叶中得以重生,父母在子女中得以重生。500年前,某个文士若是活在当下,与我现在的思维方式、生活方式一样,那个文士就在我的身上得以重生,我也可以在未来N年的某个人身上得以重生。由此,长生不老的美好梦想似乎可以通过这个简单的思想实验实现了,果真如此吗?非也!任何思维方式、生活方式都是与特定身体相结合的,离开了身体,该身体上的思维方式、生活方式也不存在了。简单地说,没有了身体就没有了感受。生命、身体是最重要的,是第一性,有了生命、身体就有感受;感受、思维是第二性的,离开了生命、身体,感受、思维就不存在。

　　感同身受是用我们的身体感受别人的身体的处境而获得的感觉,这种感觉是第二性的,是基于普遍人性的道德感受,而非切肤之痛。自作自受才是切肤之痛,是身体之痛,这种痛感是第一性的。这两种感受究竟存在怎样的关系?在不同身体上能否相通?我们需要从三个层面加以讨论。

　　第一,不同身体的第二性的感受的相通。这种相通是普遍性的思维方式和生活方式,比如,中国人的思维方式就区别于欧美人的思维方式,这是文化基因造成的。最典型的事例就是藏传佛教中的活佛转世。老活佛走了,他转世为哪年哪月哪日哪时生的孩童,孩童被迎到寺院,努力学习佛家经典,深入领会佛教精髓,由此保证年轻活佛的思维方式与老活佛相似,这种重生与其说是身体再生,还不如说是文化再生。

　　第二,不同身体的第一性的感受的相通。典型的事例就是成龙演的电影《双龙会》中,双胞胎兄弟具有相通的身体感受,当然,这只是存在于艺术作品中的,现实生活中基于遗传基因的亲人之间有无心灵感应现象,很难说得清。还有一种人为的身体之痛的相通,非洲妻子在屋里生小孩,妻子为让丈夫感受到生孩子的痛苦,要丈夫爬到屋上,并用绳子扣住丈夫下体的"蛋蛋",妻子一痛,就拽紧绳子,丈夫也疼得哇哇叫。当然,这只是在疼痛程度上模拟，在心理上减轻妻子的痛苦，但妻子感受的痛与丈夫感受的痛并不同。

第三，不同身体的第一性的感受的完全融合。有一年的江苏高考作文题是"假如记忆可以移植"，假如有两个人，一个人拥有健康的躯体，但脑子坏掉了；一个人拥有健康的大脑，但躯体坏掉了，把健康的大脑移植到健康的躯体里，就会成为一个健康的人，你愿意拥有健康的大脑，还是愿意拥有健康的身体？想必大家都愿意拥有健康的大脑。因为，人脑是意识的机能，保住了人脑意味着自己的意识就能延续。随着医学的发展，如果人造器官能替代自然器官，那么人生的最大年限就是大脑的年限，大脑死了，人也就结束了。只要大脑健康，换一个器官，我们照样自作自受，而不是别人对我们的感同身受。

长生不老在哲学上是个伪命题，精神可以交流，但身体无法替代，因此，身体、身份、身家性命是最为重要的。思想可以在无限的空间里自由飞翔，但身体总是活在有限的时间里，我们要爱护身体、珍惜生命；要加强学习、创造文化，自己的文化身份可以让我们获得文化再生；要结婚生孩子、延续自己的基因，孩子、家庭是我们的身家性命呀。

A8 辩证唯物主义的物质概念

生活经验

《圣经》中的上帝创世说

上帝第一天造出了白天和黑夜,第二天造出了空气和水,第三天造出了各种各样的植物,第四天造出了日月星辰,第五天造出了水中的各种动物,第六天造出了地上的各种生物和人。天地万物都造齐了,第七天就被定为休息日。

盘古开天辟地

据民间神话传说,古时盘古生在黑暗团中,他不能忍受黑暗,用神斧劈向四方,逐渐使天空高远、大地辽阔。他为不使天地重新合并,继续施展法术。每当盘古的身体长高一尺,天空就随之增高一尺,经过1.8万多年的努力,盘古变成一位顶天立地的巨人,而天空也升得高不可及,大地也变得厚实无比。盘古生前完成开天辟地的伟大业绩,死后永远留给后人无穷无尽的宝藏,成为中华民族崇拜的英雄。

天地万物是上帝创造的吗?我们现在所处的这个世界是由盘古开天辟地而来的吗?只要稍懂一些自然知识的现代人都知道,自然界的产生、发展是自然自身演化的结果,不是某个神仙的意志的产物。

生活智慧

动植物有意识吗？

（1）植物有想法吗？席勒在《美育书简》中认为，植物会游戏，会疯长。树木有时会超出自己的生命所需，大枝大叶地铺开，好像在游戏，但树木没有想法，它只是按自己的生长规律输送水分营养，它疯长不是说明植物有想法，反而证明它没有想法。比如，树木再长也不会无限地高，只能在一定的高度下生长。

（2）动物的眼前世界与人的观念世界。动物"有想法"，但它所有的想法只限于眼前看到的，它没有想象力，无法在未看到的世界里想象。动物因饥饿产生的行动与人因观念产生的行动不同。一群狮子在野牛群里寻找能攻得下的幼小野牛，成年野牛可能会联合起来一字排开，狮子不能靠近。当狮子获得猎物后，野牛的危险也暂时解除了，野牛群在草原上悠闲地吃草，等到下一次狮子饿时危机重新上演，野牛从不计划下一次该怎么办。狮子也不会趁野牛放松警惕再次出手，多杀几头野牛。一切都归为平静。人则不同，人生活在未来的观念世界里，美韩军演，炮弹不可能打到朝鲜本土，但朝鲜肯定有想法，人类可以在眼前还没有到来的世界里思考，以应对未来。

生活境界

人的观念与神的观念

人类是自然界中唯一有意识的生物。人类是否是由纯粹精神主宰的观念世界呢？当然不是，人的思想只能影响或指导人的行动，而不决定人的状态。人可以变得更年轻，但必须通过保养、整容等措施。离开了物质条件，人的想法只是停留在观念世界里的念头而已。神仙就不一样了，想要变啥就变啥，想要变俊就变俊。猪八戒可以摇身一变，变成端庄的少女；白素贞能将茅舍变高堂，能水漫金山，意念一动，万物皆听从她的调遣，法海只能用金钵迎战。我们突然发现神仙也不能控制别人（包括凡夫俗子）的意志，水漫金山后，白蛇涂炭生灵，犯了滔天罪行，被压在雷峰塔下，许仙要见娘子最后一面，佛祖示意法海，不懂爱情的法海终于开了窍，对佛祖说："弟子明白了。"于是，许仙与白蛇才有最后一见。至此，我们发现连佛祖也不能控制人的想法，神仙们除了能动用无意识的物件外，对别人的想法也无能为力，佛祖也只是用启发式教育。所有这一切其实只是人间故事的翻版，根本就不存在一个万能的主、绝对的精神。

A9
◎ 世界的真正统一性就在于它的物质性 ◎

生活经验

女娲抟土造人

女娲是中国上古神话中的创世女神。传说女娲用泥土仿照自己创造了人,创造了人类社会,又替人类建立了婚姻制度,使青年男女相互婚配、繁衍后代。因此,女娲被传为婚姻女神,是中华民族伟大的母亲,她慈祥地创造了我们,又勇敢地照顾我们免受天灾,是被民间广泛而又长久崇拜的创世神和始祖神。

从古猿到类人猿,再到原始人,人类的这一进化过程应该是由化石所构成的证据链。达尔文的进化论侧重于物竞天择,适者生存,生物进化是自然的选择。人是从动物界走出来的,其生理的进化应该符合自然的选择。但许多环境并不适合人类生存,人却能存活下来,比如在寒冷的极地。在那里,动物的皮毛随季节而变化,由此适应环境的改变,有的动物是变温动物,通过改变身体的温度适应环境。人的皮毛或体温并不能随环境而改变,人之所以能在这样的环境中生存下来,靠的不是自然力,而是依靠人的力量,比如人会造冰屋抵御严寒,比如非洲猿人在炎热的干旱地带会储存水,从而带来生命的繁衍。因为人类具有特有的能力——想象力，能在头脑中想象眼前并不存在的景象，所以人能谋划未来。这种能力是上帝赋予的，还是人类后天生成的？应该是人与自然连续性的交互作用，与环境互动带来的连续性的结果，大量的结果之间的联系，刺激人脑，逐步生成了人类特有的能力。能与自然环境产生交互作用的就是人类劳动，所以，马克思说，"劳动创造了人本身"。

劳动创造了人本身

生产方式决定人类命运，生产方式并不能主观选择，它有其客观性。生产方式包括生产力和生产关系。生产力是物质的。"大跃进"的闹剧，全民大炼钢铁，目标是十五年赶超英美，最终带来的是灾难性的结果。生产力的发展不以我们制定的目标为转移。

生产关系也是客观的。"跑步进入共产主义"，70年代我们憧憬着2000年进入共产主义，然而我国现在还有7 000多万贫困人口。究竟有多少生产资料是全民所有？有多少是集体所有？谁可以决定？从公有制越纯越多越好，到央企改革，鼓励私有资本进入社会经济的各个方面。这都不是哪一个领导人的主观选择，而是生产力发展的客观要求。

生活智慧

欧洲正在面临几十年来最严重的难民危机

3岁小难民艾兰·库尔迪在土耳其海滩遇难的照片刺痛了全世界公众的心。欧洲能像自己宣称的那样坚持人道主义和人权价值观，扩大正规渠道以接纳更多逃避战乱的难民吗？默克尔冷言回绝难民女孩留德愿望，被批铁石心肠。

一个国家的发展状况不以我们的意志为转移。2015年以来已经有超过30万人冒着生命危险取道地中海前往欧洲，包括小艾兰在内的至少2 600人在逃亡途中命丧大海。成千上万的母亲别无选择，才冒险带孩子登上简陋的偷渡船。但政治家考虑问题不是单单从道德善良之心出发的，国家利益是政治家们言行的出发点。对一个政治家来说，必须要考虑以下几个客观因素：

其一,从自然地理环境来看,大量难民涌入,资源被侵占,国内民众感到生活水平下降;其二,从人口因素来看,叙利亚难民都是穆斯林,信奉伊斯兰教,与欧洲基督徒有信仰上的冲突,会带来诸多社会矛盾;其三,从生产力发展来看,可以理解为什么德国接受难民数量最多,德国人口老龄化,大量劳动力涌入,有利于经济发展,但职业技能培训需要花费大量财政资金;其四,一个多民族国家的和平稳定是多种政治势力长期磨合、各方力量平衡的结果,这种微妙的脆弱的社会平衡一旦被打破,则需要很长时间加以修复。

生活境界

沈柯《一只鸟》(选自《读者》2015 年第 13 期)

我们和麻雀生活在同一片天空下,却又生活在多么不同的两个世界中。我们不解麻雀几万年来在天空中飞来飞去永不停歇的宿命,麻雀想必也不会明白人类在地上四处奔波交付岁月的命运吧。难道正因为如此,我才会觉得多少年来仿佛是同一群麻雀在陪伴着我?我分不清它们大同小异的面孔,是因为它们同样无法区分我和路人甲的不同。我是路人乙,或者,我也是路人甲。鸟儿疑惑那个在地上瞎走瞎走的我,一如我看天空中瞎飞瞎飞的一群麻雀。我们都无法摆脱时间,跳出命运,我看麻雀如同麻雀看我。

对个体来说,你的行动似乎以自己的意志为转移,但从外部来看,只是"在地上瞎走瞎走的我",尽管人的生活方式不断发展,但人类的生活方式仍然具有客观物质性。人虽有其高贵,但人仍然是物质的,人的寿命、生活状况都是可以预见的。

我的哲学小品文

假如自然有了想法

　　世界是物质的，就是说自然界没有主观意志，没有什么想法，一切运动变化都是客观的，没有自己的主观愿望的参与。

　　地球每时每刻不停地自转，同时围绕着太阳公转，太阳每天都会东升西落，假如地球有想法，它觉得太累了，想休息一会儿，或者转慢一点。有一天它罢工不干了，我们等了好长时间，天还没有亮，小孩子一定很高兴，今天不要上学了。不用多长时间，人们就发现没有太阳的日子里饥寒交迫，根本没有办法活下去。怎么办？我们无法主宰别人的想法。只能观察他们的行动，揣摩他们的想法，相互沟通理解，达成共识。我们得跟地球谈判，制定规则，形成制度、法律，如果再犯，让它接受冰桶挑战。

　　如果自然有了想法，并按自己的想法去行动，我们人类就得抛下自己的想法，联合起来对付自然的想法，就像美国电影《星球大战》。幸亏自然没有想法，我们可以按照自己的想法去努力生活。我们晚上会安然入睡，不会担心明天太阳不会升起，每天早晨背着书包往学校赶，不会担心学校突然不见了，教室、课桌都在，前后同桌、教师都会按时到达。

　　假如植物有了想法，那就不是简单地疯长了，为了自保，所有的瓜果、蔬菜都会像毒蘑菇一样带有致命毒素，所有的树木都会遵循老子的原则，长得弯弯曲曲的，因为无用才能长命。如果植物有了想法，人类就无法遵循规律、利用规律，因为遵循规律、利用规律的前提是事物运动的规律具有客观性，具有必然的、稳定的联系。

　　假如动物有了想法，动物就不会止于温饱，它们要追求更大的幸福，所有的动物都无法驯服，因为，驯服动物的手段是饥饿和食物。如果动物有了想法，蒲松龄笔下的两狼也不会顷刻两毙，它们不会为了剩骨而止步，也不会等到屠夫到麦场的草堆下，而是在空旷的小路上就将屠夫猎杀了。

　　意志最大的特点就是自由。我国在 2001 年加入 WTO，按规则，15 年后会自动成为市场经济国家，但 WTO 改变了主意，不认账了。1999 年菲律宾军舰坐滩仁爱礁，说是要拖走的，可是，一直坐到现在也没有拖走。因为菲律宾有想法，"赖"在那里，以期长期霸占仁爱礁。正是因为人类有想法，我们才有各种法律、制度、规则和程序，人类持续努力，伸张正义，抑制不合理的想法，然而，世界依然不太平。假如自然有了想法，我们还怎么活啊。

A10
物质和运动的关系

生活经验

一则笑话

今天去接一个因走私入狱的朋友出狱。他非常感动,说十多年来只有我一个人经常去看他,为了报答我,决定把当年走私的赃物分我一半。来到藏赃物的地点把赃物取出来一看,是一千个全新的摩托罗拉传呼机。

我发现,现在的学生已经不知道传呼机为何物了,作为教学材料,这则笑话很快就要被淘汰了。社会发展太快了,向前数二三十年,农村的生活方式还与传统农耕文明相差不大,不知电脑是什么稀罕物,更没有手机、iPad、微信等词汇。

邮票的尴尬

在南京鼓楼大转盘的东南角有一栋高楼是江苏省邮电大楼。十年前,我还花钱买邮票年册的,现在所有邮品柜台都撤出了,邮政局难觅踪迹,明显的招牌是邮政储蓄银行。邮政局的主体营业场所改成商业银行是华丽转身还是无奈之举?我想当然是后者。自从有了电子邮箱后,邮票的使用价值丧失,收藏邮票与收藏印刷的图片无异。手机、电脑强大的拍照功能,使图片的价值一落千丈,印刷品轻飘飘的。童年收集香烟纸、火柴盒,因为上面有印刷的图片,印刷精美的邮品自然成为文艺青年的收藏物了。现在人人都是摄影师,人人都是艺术家,一个学校可以印刷一套明信片,以满足自己的文艺需求。

生活智慧

寓言《刻舟求剑》

楚人有涉江者,其剑自舟中坠于水。遽契其舟,曰:"是吾剑之所从坠。"舟止,从其所契者入水求之。舟已行矣,而剑不行,求剑若此,不亦惑乎!
(《吕氏春秋·察今》)

楚人犯了什么错误?这个问题连小孩都知道,船在动,而剑并不会随船而动,按照原先的记号当然是找不到剑的。但问题的关键是,楚人为什么会犯这种低级错误?反思把问题带向哲学领域。我们生活中有多少人会犯这种低级错误?很多,几乎所有人。我们总以为事物就是当前的现状,而不会想到它的变化发展的状态及过程。雕栏玉砌时,谁会想到朱颜改?门庭冷落、衰草枯杨,谁会想到曾经是趋之若鹜的歌舞场?谁会想到离婚时撕心裂肺的情感当初都有厮守一生的承诺?当我们满是欢欣地买了件新物品,被替代的旧物品犹如瘟疫,避之不及,殊不知,当初我们也是满是欢欣地买下了这个旧物品,用不了多少年,心仪的新物品也会成为抛弃之物。我们以为考上了重点高中就可以歇会儿了,我们以为上了大学就没有学习压力了,我们以为找到了爱情就会幸福一辈子了。我们沿着自己标识的一个个人生记号去寻找生活的理想时,我们发现幸福人生并不在我们标识的地方。生命之流不会停在你设置的一个点上。

佛云:"风未动,旗也未动,只是人心在动。"

《坛经》记载,时有风吹幡动,一僧曰风动,一僧曰幡动,议论不已。慧能进曰:"不是风动,不是幡动,仁者心动!"

风吹幡动,不离风、不离幡、不离心。若离风则幡不曾动,若离幡则不见风动,若离心则不知何为动。

若离风与幡则心凭什么动,若离风与心则谁说幡动,若离幡与心则风吹向谁家?悟者谓一切从心起,心不起则一切不起,心不动则一切不动,故说心动,亦为悟语。

法国哲学家柏格森认为:事物和状态不过是我们的心灵所采取的一种观点。心灵状态确实对事物评价产生影响,这实际上是意识的能动作用,例如,面对同样的秋景,年轻人对秋天无动于衷,中老年人摆脱不了悲秋的情怀。但这并不表明,心灵状态能决定事物的运动状态,这就犯了唯心主义错误了。

物质和运动的关系可以用四个字来表达,即"密不可分",离开了物质谈运动是唯心主义,离开了运动谈物质是形而上学的静止观。

生活境界

未来即将消失的十大职业

(1)记者。(2)银行柜员。(3)司机。(4)装配车间工人。(5)有线电视安装人员。(6)加油站管理和工作人员。(7)经纪人、中介商。(8)职业模特。(9)各种工业样品、小商品制造者。(10)百货商店从业者。

上面的十大职业中,现在有的职业还是炙手可热的,如银行柜员、职业模特。你能想到这些职业会消失吗?你连想都想不到,还谈什么心动!运动是物质的运动,根本不以我们的意志为转移。但智者能把握事物运动的规律,预见事物发展的趋势。

A11
◎ 物质世界是绝对运动和相对静止的统一 ◎

生活经验

静止的子弹

在第一次世界大战时,一位法国飞行员正在高空飞行,忽然发现旁边有一个小东西在游动,他以为是只小昆虫,就顺手抓过来,谁知竟是一颗子弹。

飞速射出的子弹为什么是静止的?这种静止是相对于同向而行的且速度接近的飞机而言的,但对于地面上的人来说,子弹是高速运动的。飞行员与子弹相遇也只是短短的一瞬,子弹不是一路"护航",当子弹的速度达到强弩之末时,子弹会坠落。因此,静止是相对的、有条件的、暂时的。

相对静止的两个方面的含义

笔直站立的哨兵的"静止"是什么意思？换岗的哨兵有没有"静止"状态？

笔直站立的哨兵是"静止"不动的，是指哨兵身体相对于地面、周围物件来说是"不动的"，当然，哨兵的血液还在流动，呼吸正常，目光炯炯有神，注意力集中，观察敏锐，所以说，静止并不是绝对不动，而是运动的特殊状态。换岗的哨兵看上去没有"静止"，其实，换岗的同伴还是认识他的，他"没有变"，所以说，"静止"的另一层意思，还指事物在某个时期没有发生根本性质的改变。当然，量变每时每刻都在发生，运动是绝对的。

生活智慧

芝诺的飞矢不动

飞矢不动，即射出的箭是静止不动的。如果我们用相机拍照，发现在不同瞬间，箭是定格在不同空间的，在时间无限小的情况下，箭是定在某一空间的。飞矢不动实际上夸大了相对静止，将运动与静止割裂开来，王夫之的"静者静动，非不动也。静即含动，动不舍静"是对飞矢不动最有力的驳斥。

与之相类似的还有，阿喀琉斯追不上乌龟。阿喀琉斯是史诗《伊利亚特》里的希腊大英雄。有一天，他碰到一只乌龟，乌龟嘲笑他说："别人都说你厉害，但我看你如果跟我赛跑，还追不上我。"

阿喀琉斯大笑说："这怎么可能？我就算跑得再慢，速度也有你的10倍，哪会追不上你？"

乌龟说："好，那我们假设一下。你离我有100米，你的速度是我的10倍。现在你来追我了，但当你跑到我现在这个位置，也就是跑了100米的时候，我也已经又向前跑了10米。当你再追到这个位置的时候，我又向前跑了1米，你再追1米，我又跑了1/10米……总之，你只能无限地接近我，但你永远也不能追上我。"

阿喀琉斯怎么听怎么有道理，一时丈二和尚摸不着头脑。

驳斥上述观点的仍然是四个字"静中有动"，任何事物都是绝对运动与相对静止的统一，我们在做相对静止的分析时，不能忘记事物在绝对运动之中。

这个悖论告诉我们,当我们用错误的方法分析问题时,其结论可能导致不可思议、违背常理。反过来,当我们发现分析问题时得出的结论违背常理,需要我们回过头来检视一下分析问题的方法。笔者有感于网上对"阿喀琉斯追不上乌龟"的数学解答,不禁要呼吁,我们需要亟待提高全民族的哲学素养,搞理科的也要学点哲学,哲学能为我们提供方法论的指导。

"人不能两次踏进同一条河流"与"人甚至一次也不能踏进同一条河流"

前者是古希腊哲学家赫拉克利特的言论,不能"两次"是正确的,因为第二次踏入的时候,河水不再是先前的了。后者是他的学生克拉底鲁的言论,"一次也不能"是错误的。因为他在根本上就不承认有一条河流的存在,否定了相对静止,必然滑向相对主义或诡辩论。

"同一条河流也不可能两次遇上同一个你。"这个观点也是正确的,因为当你不断地追寻同一条河流时,你在变老。

生活境界

林清玄散文《可以预约的雪》(节选)

在我们的生命里,到底变是正常的,或者不变是正常的?

那围绕在窗前的溪水,是每一个刹那都在变化的,即使看起来不动的青山,也是随着季节在流变的。我们在心灵深处明知道生命不可能不变,可是在生活中又习惯于安逸不变,这就造成了人生的困局。

我们谁不是在少年时代就渴望这样的人生:爱情圆满,维持恒久;事业成功,平步青云;父母康健,天伦永在;妻贤子孝,家庭和乐;兄弟朋友,义薄云天……这是对于生命"常"的向往,但是在岁月的拖磨中,我们逐渐地看见隐藏在"常"的面具中,那闪烁不定的"变"的眼睛。我们仿佛纵身于大浪,虽然紧紧抱住生命的浮木,却一点也没有能力抵挡巨浪,随风波浮沉,也才逐渐了解到因缘的不可思议,生命的大部分都是不可预约的。

我们可以预约明年秋天山上的菅芒花开,但我们怎能预约菅芒花开时,我们的人生有什么变化呢?

　　生命中的过往是"常"与"变"的统一,以哲学视域看就是绝对运动与相对静止的统一。由此带来的人生智慧就是要在绝对运动中把握人生的下一个目标,在相对静止中完善当下人生阶段的丰富、厚重,力争拥有沉甸甸的收获。

B12
◎ 规律的含义及其客观性与普遍性 ◎

生活经验

日常生活的安顿何以可能？

日常生活的安顿何以可能？是以人们对合规律的现象的认识为前提的。

对象和事物尽管千差万别、变动不居，但其间却呈现有序的结构、稳定的联系。常识的特点在某种程度上即表现为对事物稳定联系的揭示，对日常生活作有序的安顿，由此扬弃世界对于人的不可捉摸或异己性，从而使生活实践的常规形式成为可能。

日常实践的循环往复、合乎常规。以日常的信念接纳、安顿世界的前提是日用常行中的事物及其关系的有条理性和有规则性（非悖谬而无法捉摸），世界的非反常性（如太阳朝升暮落）与日用常行的合乎常规（如日出而作、日入而息）常常彼此一致。

事物间的联系具有恒定的性质。以时间关系而言，存在于过去、现在、将来的不同事物总是依次出现，其序具有不可逆的性质；以事物的生长而言，种瓜不会得豆，种豆也不会得瓜，如此等等。对事物联系恒定性的这种确信，构成了日常生活和日常劳作所以可能的前提。

对合规律的现象的认识就能安顿我们的日常生活,对规律的认识将有助于我们改造世界,利用规律为人类造福,使人与自然不再对抗,能和谐相处。哲学上所说的规律就是事物运动过程中固有的、本质的、必然的、稳定的联系。现象的联系不是规律,所谓现象就是能以我们的感觉器官感知的,或借助于认识工具感觉器官能感知的,而规律是感觉器官无法感知的本质联系。如水往低处流是现象,其本质联系是万有引力;种瓜得瓜、种豆得豆是现象,其规律是遗传变异。现象可以改变,而规律不可以改变。人们可以引水上山,但无法改变万有引力。

生活智慧

光谱分析法,发现了太阳的物质

各种元素自己具有固定的、与其他元素不一样的特有谱线。但对某一种元素来说,谱线的条数、颜色和在谱带上的位置,都是固定不变的。太阳中的夫琅禾费线,就是太阳光球发出的光,经过太阳大气时,太阳大气中的元素被加热到白炽,元素从太阳的连续光谱中吸收了与自身光谱波长相同的光,从而形成了分光镜里太阳美丽的连续光谱中一条条黑色的"夫琅禾费线"。伟大的太阳与我们平凡的地球有着几乎相同的物质组成。

本生和基尔霍夫为了验证他们的想法,他们用石灰灯光和烧着铁盐的本生灯光同时引入分光镜的窄缝,在目镜中得到了铁特有的60条黑色谱线,他们在太阳连续光谱的夫琅禾费线的同样位置上一条不少地找到了这60条谱线。他们根据夫琅禾费线中的600多条谱线(现在已发现有一万多条黑线)与他们画出的元素光谱谱线图,从太阳上找出了钾、钠、铁、铜、铅、锡、氢、氧等30多种元素。

我们之所以能认定发现了太阳的物质,是因为我们坚信地球上的物质燃烧所得到的光谱谱线与太阳中的物质燃烧所得到的光谱谱线如果一致,则表明两种物质是同一种物质。我们认为这种本质的、必然的、稳定的联系是普遍存在的,是不以人的意志为转移的。正如荀子说,"天行有常,不为尧存,不为桀亡","天不为人之恶寒也辍冬,地不为人之恶辽远也辍广"。天地运行的规律不因为尧舜禹是圣君而存在,也不会因为夏桀、商纣这些暴君而消亡,规律是客观的、普遍的。

生活境界

屠格涅夫《大自然》

我梦见,自己走进一座拱顶高大的地下大厦。整个大厦里流泻着某种也是地下的、匀和的光线。

大厦正中间,坐着一位身穿飘动的绿色服装的端肃女性。她一手支颐,仿佛正在沉思。

我立刻明白,这位女性就是自然之神本身。我一激动,心里感到一种由崇敬而来的畏惧。

我走近端坐的女性,向她深深鞠了一躬。

"啊,我们的万物之母!"我惊呼道,"你在想什么呢?你是否在思考人类未来的命运?抑或是考虑着人类如何尽可能地达到完满和幸福?"

女性慢慢地向我投来严厉、阴沉的目光。她的嘴唇嚅动了一下,便发出钢铁般铿锵有力的声音:"我正在思考的是如何让跳蚤的腿儿更有力量,以便它更容易逃脱它的敌人。进攻和防御的平衡已被破坏……应该恢复过来。"

"什么?"我低声嘀咕道。"你想的竟是这个?难道我们人类不是你心爱的儿女?"

女性微蹙双眉:"一切生物都是我的儿女,所以我一视同仁地爱护它们,一视同仁地消灭它们。"

"可是善良……理性……正义呢……"我又低声嘀咕。

"这是人类的语言,"响起铿锵有力的声音。"我既不知道善,也不知道恶……理性对于我绝不是法典,再说正义是什么东西?我给了你生命……我要把它夺回来,赋予虫或者是人……对我都无所谓……你还是防备跳蚤的袭击吧——别打扰我!"

我想反驳……可是周围的大地低声呻吟,抖动了一下,——于是我醒了。

自然的必然性与人的尊严。自然规律的客观性和普遍性,表明自然界是不以人的意志为转移,规律无所谓好坏,就是一种本质的、必然的、稳定的联系。你与病毒联系上了,这种病毒就在你的体内展开了必然的、稳定的联系,这种联系你想甩都甩不掉。人类的尊严不在于祈求自然要以人类为中心、为人类服务,而在于人类能够认识这种稳定的、必然的、本质的联系,并能把握规律发生作用的条件,通过改变规律发生作用的条件,利用规律,使自然规律造福人类,这才是人类应有的尊严。

B13
◎ 尊重规律，按照客观规律办事 ◎

生活经验

未来 10 年最昂贵的东西也许是干净的食物、水和空气

20 世纪 50 年代的农民们人人可以吃到的无毒粮食，将来会是天价。大自然赋予生命所必需的空气、水，无需人类劳动，自然界中到处都是，这也体现了人类生命的尊严。如今人类长年累月呼吸污染了的空气，引起慢性支气管炎、支气管哮喘、肺气肿及肺癌等疾病。据国家卫生计生委最新发布的我国城市居民死亡原因排序中，恶性肿瘤死亡率排在第一，其中肺癌又居首位。我国肺癌发病在恶性肿瘤构成比例中男性占 27％，女性占 22％。人与规律的关系犹如鱼与水的关系，当鱼在水中的时候，并没有感觉到水的存在，没有认识到水对生命的意义和价值，当鱼离开了水，水的重要性就体现出来了。当你没有违背规律时，你感觉不到规律的存在；当你违背了规律，规律的客观性就体现出来了，令你有切肤之痛。

工业化给人们带来物质享受的同时，也造成了环境污染。我们不得不怀疑人类实践的价值，给人类带来的是进步，还是衰退。荀子说："大天而思之，孰与物畜而制之？从天而颂之，孰与制天命而用之？"这句话本身没有错，但是人类对规律的把握是全面的、深刻的，还是仅仅是皮毛，甚至是错误的，明明是揠苗助长，还自以为庖丁解牛呢。

生活智慧

寓言《庖丁解牛》

庖丁为文惠君解牛，手之所触，肩之所倚，足之所履，膝之所踦，砉然响然，奏刀騞然，莫不中音。合于桑林之舞，乃中经首之会。

文惠君曰："嘻，善哉！技盖至此乎？"

庖丁释刀对曰："臣之所好者，道也，进乎技矣。始臣之解牛之时，所见无非牛者。三年之后，未尝见全牛也。方今之时，臣以神遇而不以目视，官知止而神欲行。依乎天理，批大郤，导大窾，因其固然。技经肯綮之未尝，而况大軱乎！良庖岁更刀，割也；族庖月更刀，折也。今臣之刀十九年矣，所解数千牛矣，而刀刃若新发于硎。彼节者有间，而刀刃者无厚；以无厚入有间，恢恢乎其于游刃必有余地矣，是以十九年而刀刃若新发于硎。虽然，每至于族，吾见其难为，怵然为戒，视为止，行为迟。动刀甚微，謋然已解，如土委地。提刀而立，为之四顾，为之踌躇满志，善刀而藏之。"

文惠君曰："善哉，吾闻庖丁之言，得养生焉。"

（《庄子·养生主》）

尊重规律，按规律办事，我们能从庖丁解牛中得到哪些启示呢？《庖丁解牛》中描绘了庖丁的三个解牛姿态。第一，解牛的审美姿态。"手之所触，肩之所倚，足之所履，膝之所踦，砉然响然，奏刀騞然，莫不中音。"第二，解牛用刀的技艺。"依乎天理，批大郤，导大窾，因其固然。技经肯綮之未尝，而况大軱乎！"第三，解牛遇到难处时的谨慎。"每至于族，吾见其难为，怵然为戒，视为止，行为迟。"当然，审美姿态是内在"神遇而不以目视，官知止而神欲行"的最外表的显现，这种审美姿态学不来，它是由内而外的，内功不够无从表达。用刀技艺是多数人认为的按规律办事的实质所在，笔者以为，第三种姿态才是按规律办事的实质。按规律办事，尊重规律是前提，对待自然要谨慎、谦卑,不要自以为是,即使庖丁"以神遇而不以目视"这样的高手,"见其难为,怵然为戒,视为止,行为迟"。事实上,我们对规律的认识总是具体的某一层面上的认识,事物无止尽,认识也无止尽,人类改造世界的实践活动都是在有限的认识指导下的,面对物质世界,我们要像庖丁那样,"怵然为戒,视为止,行为迟"。

生活境界

人与自然有无价值序列?

为什么要敬畏一切生命?生命之间存在着普遍联系,人的存在不是孤立的,它有赖于其他生命和整个世界的和谐。不同物种、不同生命之间的相互依存是大自然的规律,人类一旦违背自然规律,最终将会受到规律的惩罚。人类应该意识到,任何生命都有价值,我们和它不可分割。对一切生命负责的根本理由是对自己负责,如果没有对所有生命的尊重,人对自己的尊重也是没有保障的。任何生命都有自己的价值和存在的权力,谁习惯于把随便哪种生命看作没有价值,他就会陷于认为人的生命也是没有价值的危险之中。对非人的生命的蔑视最终会导致对人自身的蔑视,世界大战的接连出现就是明证。

敬畏一切生命是美好的理念,但人的存在是现实的,人不可能对一切生命都同等对待,为了人的生存,人常常要消灭一些生命。是否应区分生命的价值序列呢?答案是否定的,敬畏生命的伦理否认高级和低级的、富有价值和缺少价值的生命之间的区分。在生活中,人们会不由自主地依据与人的关系确定不同生命的价值,这种区分尺度完全是主观的。依据这一思路,我们必然会得出这样的结论:存在着没有价值的生命,压迫以至完全毁灭某些生命是被允许的。依据这种理论,在一定条件下,一个昆虫和一个原始部落可能都被看作是没有价值的。在非洲,面对铺天盖地的蚂蚁和蚊子,人类出于生存需要必须要消灭一些生命。尽管这不可避免,但人必须有"自责"的意识。如果人类认为自己有权力毁灭别的生命,他总有一天会走到毁灭与自己类似的生命或自我毁灭的地步。对生命尊重的根本目的,是培养人的道德本性，这是人类完善的出发点。

东方传统价值观确定了人对动物的义务和责任。有一句佛教格言："决不可以杀死、虐待、辱骂、折磨、迫害有灵魂的东西、生命。"生物的多样性和环境的和谐是人类存在的条件。在20世纪两次世界大战和地球环境恶化的背景下，从生命的相互联系中，可以看到人不能再妄自尊大，要敬畏一切生命。

我的哲学小品文

"刻舟求剑"的记号该不该刻？

"刻舟求剑"的记号该不该刻？ 这个问题已经超越了寓言本身。 寓言讽刺的是人们静止地看待事物，舟已行矣，而剑不行，用静止的眼光看待事物就会犯错误。 这是在"如何使用记号"这个问题上犯的错误。 而记号该不该刻？ 这是一个更本原性的问题。 它涉及我们在不断运动的事物面前要不要有所作为，或者说，在绝对运动中能否对事物有相对静止的把握？

我们先说说，不能用静止的眼光看待事物。 一切皆流，生命之流不会停在你设置的一个点上。 我们总希望青春永驻，我们希望自己是林黛玉而不是刘姥姥，但岁月的年轮会把我们变成刘姥姥。 为什么在几百年里，人们提到林黛玉还是想到她的青春美貌，因为她没有中年、老年，她的生命在年轻时就停止了。 只要林黛玉活到中年，她就是一个中年妇女；只要林黛玉活到老年，她就是一个老眼昏花、佝腰驼背的老太婆。 你要长寿就没有美貌，你要美貌就需要停止变老、停止生长，太可怕了。"运动是事物的存在方式。"宏观世界的天体的自转与公转，你拒绝转动就会坠落毁灭。 微观世界的埃博拉病毒，只要能让病毒不动，它就会被饿死。 一切皆流，没有什么会天长地久。"刻舟求剑"的记号是将运动着的事物当成静止的，因此，从这一点来看，做记号是不可取的。

我们再来说说，能否在绝对运动中对事物有相对静止的把握？

难道记号没有一点作用吗？"遽契其舟"可见楚人刻记号是迅速的，位置是准确的。尽管船随水流漂移，剑在水中也会随水流移向下游的某处河床上，但在较短的时间内，我们根据记号基本上能确定剑大致落水的位置。所以，做记号也是在一定条件下对变动不居的事物的把握。以事物的运动来否定事物的位置或性质相对稳定，继而否定事物的可知性，那就犯了相对主义的错误，从而导致荒唐可笑的结论，爸爸不是昨天的爸爸，妈妈不是原来的妈妈，娃不是父母的娃了。"人不能两次踏进同一条河流"这句话是正确的，它既看到了河水的流动，同时也承认有一条河流。"人甚至一次也不能踏进同一条河流"这就否定了有一条河流的存在。当然，把静止从运动中独立出来也是错误的。芝诺的"飞矢不动"就没有看到静中有动。

落水之剑能否找到？当然可以，要想从刻记号的地方找到剑，只需要保持船与剑以相同方向、相同速度运动，也就是说，船与剑相对静止。或者我们在剑落水的地方重新将相同的一把剑贴上跟踪器，以相同的姿势落入水中，那么这把剑就会与先前的剑的位置差不多。因为，我们是与物打交道，物没有主观愿望，它是客观的，水流与剑之间的相互联系是稳定的、必然的。由此，想到马航MH370，我们可以找一架无人机，以相同的比重、速度、航线、燃油可以推演出飞机坠海的大致情况，因为，飞机与大气层、大洋、飞机速度、海洋水速等因素的联系是客观的、必然的、稳定的。当然，马航MH370要比剑难找，不是因为飞机复杂，而是因为飞机上有许多人的因素，人会不按常理出牌，我们不能正确认识。好在世界是物质的，物质是运动的，运动是有规律的，规律是可以认识和利用的。

B14
意识的本质和作用

意识的本质

生活经验

意识是自然界长期发展的产物

一个物体能对外界有反映,能将事物内在的本质揭示出来,即能达到人的意识阶段,从自然界的发展来看大致经历四个阶段。

一是所有物质都具有的反应特性,即事物受外力作用时的反应。如,岩石的风化、水滴石穿、踏雪有痕等。二是生物的刺激感应。如,葵花向阳、蚯蚓受刺身体收缩等。三是动物的感觉和心理。如,猎狗捕猎、猴子表演节目、黑猩猩吃香蕉等。四是人类的意识阶段。如,牛顿发现了万有引力等。

为什么动物的大脑不能形成意识?从人脑的生理机能看,人脑比动物的大脑要复杂得多,所以,动物脑中对事物的影像只是眼前的,不能形成观点。休谟认为,观点就是印象的印象,即不在眼前的事物的印象还能储存在人脑里,这样就为人对事物的想象和推理提供了"影像资料"。那么,为什么动物大脑不能进化成人脑?有了人脑一定能产生意识吗?其实,意识不仅是自然界发展的结果,更是社会发展的结果。

狼孩的故事

1920年9月19日,在印度加尔各答西面约1 000平方千米的丛林中,发现两个狼哺育的女孩。年长的估计8岁,年幼的1岁半。大概都是在出生后半年被狼衔去的。两人回到人类世界后,都在孤儿院里养育,分别取名为卡玛拉与阿玛拉。她们不会说话,发音独特,不是人的声音。不会用手,也不会直立行走,只能依靠两手、两脚或两手、两膝爬行。她们惧怕人,对于狗、猫似乎特别有亲近感。白天她们一动也不动,一到夜间,到处乱窜,像狼那样嚎叫,人的行为和习惯几乎没有,而具有不完全的狼的习性。遗憾的是,回到人间的第11个月,阿玛拉就死去了。

卡玛拉在2年后,才会发2个单词("波、波"和叫牧师夫人"妈")。4年后掌握了6个单词,第7年学会45个单词。她动作姿势的变化也很缓慢。1年4个月时,只会使用两膝步行。1年7个月后,可以靠支撑两脚站起来。不用支撑的站立,是在2年7个月后。到两脚步行,竟费了5年的时间,但快跑时又会用四肢。经过5年,她能照料孤儿院幼小儿童了。她会为用腿跑受到赞扬而高兴,为自己想做的事情(例如解纽扣)做不好而哭泣。这些行为表明,卡玛拉正在改变野孩的习性,显示出获得了人的感情和需要进步的样子。卡玛拉一直活到17岁。但她直到死时还没真正学会说话,智力只相当于三四岁的正常孩子的水平。

从狼孩的故事可以看出,一个人的智力高低,并不完全取决于大脑的生理状态,而更多地受到后天成长环境的影响。在大脑结构上,这个狼孩和同龄人没多大差别。一个10岁儿童的大脑在重量和容量上已达成人的95%,脑细胞间的神经纤维发育也接近完成。只是因为狼孩长期脱离人类社会,大脑的功能得不到开发,智力也就低下。为什么社会生活能促进人的意识的产生?劳动和社会交往在意识的形成过程中发挥了重要的作用。劳动和社会交往促进了意识的物质器官——人脑的生成,促进了意识的表达手段——语言的产生,提供和丰富了意识的内容。因此,意识不仅是自然界长期发展的产物,而且是社会发展的产物。

第二信号系统

狗通过撒尿,沿途留下"记号"以便原路返回。人在野外探险时,为了能让同伴找到自己,也会在沿途留下印记。但这两种"记号"在本质上是不同的。前者属于第一信号系统,是通过事物本身的属性传递信息,狗是利用尿液的气味。再比如,不同狼的嚎叫声动物能听得出,犹如狗能辨别出不同的气味。人做的记号可能有"箭头",代表前进的方向,或者用红色表示不能通行,用绿色表示可以通行。记号的这些意义并不源于事物本身的属性,而是人赋予的意义,属于第二信号系统。所以,人能够"谈虎色变","虎"的发音的自然属性与"乎""护""忽""浒"等是一样的,在人的言语中表达的意义却大相径庭。动物的听觉、嗅觉、触觉等感觉器官要比人类高级,因为动物只有第一信号系统。人脑具有对第二信号系统的反射活动,意识就是在第一和第二信号系统基础上产生的反映。

生活智慧

贾平凹《秦腔》(节选)

山川不同,便风俗有别,便戏剧有异。普天下之人不同貌,剧不同腔:京、豫、晋、越、黄梅、二簧、四川高腔,十几种品类。或问:谁为历史最悠久者,文武最正经者,是非最汹汹者?曰:秦腔也。正如长处和短处一样突出便见其风格,对待秦腔,爱者便爱得要死,恶者便恶得要命。外地人——尤其是自夸生于长江流域的纤秀之士——最害怕秦腔的震撼。评论说得婉转的是：唱得有劲；说得真率的是：大喊大叫。但是，几百年来，秦腔却没有被淘汰或沉沦。这使多少人有大惑而不得其解。其解是有的，就在陕西这块土地上。

如果是一个南方人，坐车轰轰隆隆往西走，渡过黄河，进入西岸，八百里秦川大地，原来竟是：一抹黄褐的平原；辽阔的地平线上，一处一处用木椽夹打成一尺多宽墙的土屋，粗笨而庄重；冲天而起的白杨、苦楝、紫槐，枝干精壮如桶，叶却小似铜钱，迎风正反翻覆。你立即就会明白了：这里的地理构造竟与秦腔的旋律惟妙惟肖的统一！再去接触一下秦人吧，活脱脱地一群秦始皇兵马俑的复出：高个、浓眉、眼和眼间隔略远，手和脚一样大，上身又稍稍见长于下身。当他们背着沉重的三角形状的犁铧，赶着山包一样团块组合式的秦川公牛，端着脑袋般大小的耀州瓷碗，蹲在立的卧的石碾子碌碡上吃着牛肉泡馍，你不禁又要改变起世界观了：啊，这是块多么空旷而实在的土地，在这块土地摸爬滚打的人群是多么"二楞"的民众！那晚霞烧起的黄昏里，落日在地平线上欲去不去的痛苦地徘徊，五里一村，十里一镇，高音喇叭里传播的秦腔互相交织、冲撞。这秦腔原来是秦川的天籁、地籁、人籁的共鸣啊！于此，你不渐渐感觉到南方戏剧的秀而无骨吗？不深深地懂得秦腔为什么形成和存在并占据时间空间的位置吗？

农民是世上最劳苦的人，尤其是在这块平原上，生时落草在黄土炕上，死了被埋在黄土堆下；秦腔是他们苦中的大乐。当老牛木犁疙瘩绳，在田野已经累得筋疲力尽，立在犁沟里大喊大叫来一段秦腔，那心胸肺腑，关关节节的困乏便一尽儿涤荡净了。有了秦腔，生活便有了乐趣，高兴了，唱"快板"，高兴得像似被烈性炸药爆炸了一样，要把整个身心粉碎在天空！痛苦了，唱"慢板"，揪心裂肠的唱腔却表现出了多么有情有味的美来，美给了别人享受，美也熨平了自己心中愁苦的皱纹。当他们在收获时节的土场上，在月挂中天的庄院里，大吼大叫唱起来的时候，那种难以想象的狂喜、激动、雄壮与那些献身于诗歌的文人，与那些有吃有穿总感空虚的都市人相比，常说的什么伟大而痛苦的爱情，是多么渺小、有限和虚弱啊！

秦腔在这块土地上，有着神圣的不可动摇的基础。广袤旷远的八百里秦川,只有这秦腔,也只能有这秦腔使他们喜怒哀乐。秦人自古是大苦大乐之民众,他们的家乡交响乐除了大喊大叫的秦腔还能有别的吗?

贾平凹的哲学一定学得不错。上面的文字除了文学修辞外,剩下的就是唯物论的两大原理。一是,物质决定意识。秦腔作为一种意识当然是由物质决定的,"就在陕西这块土地上"。在这块土地上的平原、土屋、白杨、秦人、秦川公牛、牛肉泡馍……"二楞"的民众与秦腔形成了共鸣。二是,意识具有能动的反作用。秦腔是他们苦中的大乐。高兴了,唱"快板";痛苦了,唱"慢板",大吼大叫唱起来的时候,具有那种难以想象的狂喜、激动、雄壮。哲学对文学创作的指导意义再清晰不过了,其实,哲学也为我们观察生活、思考人生提供了世界观和方法论。

《圣经》中说,地狱中最痛苦的灵魂是不会哭的。

这句话听起来能触及我们的心灵,有一种真实感。为什么这句话听起来有真切感?唯物主义认为,世界上没有什么鬼神,世界是物质的,所有的意识都是对物质的反映,那么最痛苦的灵魂是不会哭的,在现实生活中存在吗?确有其事!我们常说,大悲默默,小悲泣泣。大悲痛来临时,人们情感无法承受,一下子呆掉了,哭都哭不出来,有人甚至变疯变傻。地狱中最痛苦的灵魂是不会哭的。这句话之所以能触及我们的灵魂,让我们觉得非常真切,是因为它是社会生活的反映。无论什么意识,不管多么奇妙,多么触动我们的心灵,仔细分析后发现,都是现实的反映。正如鲁迅所言,天才们无论怎样说大话,归根结底,还是不能凭空创造。描神画鬼,毫无对证,本可以专靠了神思,所谓"天马行空"似的挥写了,然而他们写出来的,也不过是三只眼、长颈子,就是在常见的人体上,增加了眼睛一只,增长了颈子二三尺而已。

生活境界

熊秉明《看蒙娜丽莎看》(节选)

她知道她在做什么。她向你睇视,守候着。她在观察。像那一双优美的叠合的手,耐心地期待。

她睇向你,等你看向她。她诱惑你的诱惑,等待你的诱惑。

假使你不敢回答,她也只有缄默。假使你轻率地回答,她将莞尔报以轻蔑的微笑。假使你不能毅然走向她,她决不会来迎向你。她在探测你的存在的广度、高度、深度、密度,她在探测你的存在的决心和信心。

她的眼睛里果有什么秘密么?你想窥探进去,寻觅,然而没有。欠身临视那里,像一眼井,你看见自己的影子。那里只有为她所观测,所剖析你自己的形象。像一面忠实的明镜,她的眼光不否定,也不肯定。可能否定,也可能肯定,但看我们自己的抉择和态度。她的眼光像一束透射线,要把我们内部存在的样式映在毛玻璃上,使骨骼内脏都历历在目。她的眼光是一口陷阱,将我们的过去、现在和未来都一并活活地捕获。如果那眼光里有秘密可寻,那就正是我们的彷徨、惶悚、紧张、狼狈。爱么?不爱么?To be or not to be?

她终不置可否,只静待你的声音。她似乎已料到你的回答,似乎已猜透你的浮夸、轻薄、怯懦,似乎已觉察你的不安、觉醒,以及奋起,以及隐秘暗藏的抱负——于是嘴角上隐然泛起微笑。

芬奇是置身于这可怕的眼光中的第一个,而他就是创造这眼光的人。他在这可怕的眼光中一点一点塑造这眼光的可怕。

画商卓孔达先生聘请芬奇为他的爱妻作肖像,画家一见这面貌便倾倒了。那面貌似曾相识,给他以说不出的无比的吸引。但画家不愿走近模特儿一步,这一面貌是对他的天才的挑战。他用了世间罕有的智慧和绝艺刻画她的诱惑,并且画出他所跨不过去,不愿跨过去的他和她之间的距离。

像一个冷静的科学家,他对于那诱惑进行带着距离的观测。他要从自己激动的心理状态中蝉蜕出来,把自己化为两个个体,精神分裂开来,反观自己,认识诱惑现象。

他像一个炼金术的法师,企图把"诱惑"这元素从这个世界里提炼出来,变成一小撮金粉，储藏在曲颈瓶底给人看。

又像一个羞涩、畏怯的男孩，他只窃窃地躲在窗子后面，远望街角上她的身影。不吻、不抱。他满足于观察她的傲然、矜持，而又脉脉的善意的流盼。他一生就逗留在这青春的年纪，少年维特的危险的年纪。

芬奇和蒙娜丽莎，也就是芬奇和女性的关系。而芬奇和女性的关系，也就是芬奇和这个世界一切事物的关系。一切事物都刺激他的好奇、追问，一切事物于他都是一种诱惑。而女性的诱惑是一切的集中、公约数、象征。

这纯诱惑与追求之间有一形而上学的距离，如果诱惑者和被诱惑者一旦相接触了，就像两个磁极同时毁灭。没有了诱惑，也没有了追求。这微笑的顾盼是一永远达不到的极限，先验地不可能接近的绝对。于是追求永在进行，诱惑也永在进行，无穷尽地趋近。

艺术可以达到怎样的境界？能像真正的存在逼向你的灵魂。芬奇创造的眼光与我们感受的眼光为什么会相通？意识中的感受为何相同？皆因意识的能动作用。意识的主动创造性能使人正确把握事物的本质和规律。我经常感慨郑板桥的兰竹图，他把竹子的精神气全画出来了，画家把握了竹子的精气神了，可以说，宣纸上的竹子比现实中的竹子还要像竹子。这句话有点拗口，就是说，你将现实中的竹子割下来，放在宣纸上，一片叶子一片叶子地描绘，描出来的竹子肯定没有郑板桥的竹子精神。换个简单的说法，照片中的竹子不及绘画中的竹子精神。这就是意识的作用，把握了物质的本质。芬奇的蒙娜丽莎的微笑比真人的微笑更具诱惑力。艺术源于生活，又高于生活，凭什么高于生活？是意识的能动性造成的。

我的哲学小品文

人的意识究竟高出动物多少？

人是有限的。 人的先天弱小，其生存能力可以说是生物界最差的。 非洲草原上的羚羊出生后，六分钟内要能站立起来，超过六分钟狼群就会赶来，再强壮的羚羊也无法保护不能站立起来的羚羊崽子，而婴儿大约在一周岁才能站立。 人的记忆力远不及大象，幼象跟随妈妈寻找水源，无论水源多么遥远，N年后，它也能准确无误地将象群带到水源地。 大象能终身记住它的仇人，决不会搞错。 美洲有一种鸟，秋天将松子藏在石块下面以便冬天吃，在二十多公里范围内，三分之二的松子都能被找到。 动物的伪装本领更是令人类汗颜，可以说，每一种动物能生存下来都有天生的本领，壁虎断尾能逃生，还有的是靠放屁活下来的。 人刚出生时可以说什么本领也没有，只有一样本领就是哭，所有动物出生都不会哭，只有人会哭。 因为，动物的生存本领是先天的，是完成时态的，狼绝对不能通过后天努力学会吃草，而人的本领是未完成的，都是在后天完成的，确切地说是在社会中完成的，哭是一种社会性活动，他要引起人的注意和怜悯，以获得他人的帮助。

人出生后很长时间都不具备独立生活的能力，干啥子事了？ 长大脑。大脑的大多数回路都是在人生的头几年建立起来的。 宝宝刚出生时的大脑只有最终成人大脑的1/4，但到了2岁，就已经长到成人大脑的3/4了！等到了5岁，孩子的大脑的大小及容量就会和成人大脑的非常接近了。 这意味着与学习、记忆、动作控制和其他各项大脑功能相关的脑部结构到孩子5岁时就已经建立起来了。 仅仅有人脑是不能产生意识的，人脑只是具备产生意识的机能，如果人只是通过眼耳鼻舌身等感觉器官感知世界，并不能比动物感知得多，听觉不如狗，嗅觉不如猪，苍蝇的眼睛是复眼，它看人拍自己的动作犹如看慢动作，轻易就能逃掉。 人的意识的产生是源于社会、劳动。

手的闲暇。 动物的上肢并没有完全解放，上肢还是主要维持身体的平衡，无论是攀爬、行走还是打斗都与身体相关，而人的手是完全从支撑身体的功能中解放出来了。 试想一下，动物四肢对世界的感知大致相当于我们脚掌对世界的感知，每天脚掌对世界的感知除了土地的坚实、平滑、凹凸还有什么？ 因为它们每时每刻都与大地厮磨，也就缺失了对外界的敏感性。手的感知力要远远超过脚，每一次出手都是对世界也是对自己的感知，用手摸桌子，不仅摸到了桌子，也摸到了自己的手。 我们握手而不碰脚，因为手传递的信息要比脚丰富得多；流氓用的是"咸猪手"，没有流氓用脚的。手抓拿搓捏，具有很强的灵活性，使我们的行动大都与手有关。手能携带物品，人的出行从没有动物出行那样轻松，动物什么也不带，因为它的脚趾藏不住东西。人用手抢夺，人有了贪欲。

　　人有想象力，人在制作工具之前，工具的形状就观念地存在于大脑里。原始人在一堆乱石中找一块石头打算打磨成石斧，石斧的形状已经在自己的脑中，他会选择哪一块容易打磨，哪一块不能打磨。所以，人有一个未来的观念世界。动物只有眼见的世界。喜鹊能捡枝搭窝，鸟完全有能力在鸟窝上加盖一个屋顶，以备雨天之用，但鸟永远也想不到。牛只攻击红布，想不到红布后面的斗牛士才是真正的敌人。尽管牛看到人在摆动着红布，牛就是想不到人在斗它。动物之所以不能制造工具，是因为动物没有观念世界。大猩猩可以拿一根木棍掏白蚁吃，如果木棍长度不够，它就没有办法了，它不会将两个木棍绑在一起。因为在绑之前，绑好的木棍形象要先在脑中。

　　人能说话，动物则不能。语言是第二信号系统，是符号系统，不是第一信号系统的声响。动物也有简单的信号发布。什么声响是哀鸣，什么声响表明它愉悦，什么声响是呼朋唤友，什么声响是示爱，等等。变化的音高、音调、音频本身就是意义所在，物理属性的声响就是意义所在。人也是发出声响，但意义不在声响本身，声响是一个词语的发音，这个声响的意义是声响所代表的词语的意义。所以，人是能制造符号的动物。符号系统让我们的思维摆脱了物的具体形象，可以在符号系统中进行推算、论证和演练。动物是不可能做出 $1+1=2$ 的，这是一个抽象的符号世界。

意识的作用

生活经验

最蹩脚的建筑师也要比最灵巧的蜜蜂高明

　　马克思的这句话说明了什么？他告诉我们，人的意识活动具有目的性。

每每讲到这里往往遭到学生的质疑,比如学生提出海獭会把扇贝放在肚皮上用石头砸碎,这不是有目的的行为吗?这与人将一块石头砸成打制石器有何区别?其实,目的性与计划性是不可分的,我们所讲的目的就是人的活动是在一系列相互关联的行动中指向一个目标,这个目标在贯穿于前后关联的一系列行动中。动物的活动关联只有一环,海獭用石头砸碎扇贝能看到扇贝的肉,由此形成的联系,所以动物活动是与生理本能联系在一起的。原始人的打制石器,能砸出什么样子,砸出来的东西又有什么用?为什么这个"尖状物"可以用,在什么情况下用?而不是砸出来的就能满足生理需求,能吃或者能喝。人类做一件事的目的在相互关联的许多环节中,犹如下棋,一步步地算计下去。有人提出,蜜蜂筑巢是为了储存蜂蜜。科学家做过实验,将蜜蜂筑的巢"捣破",蜜蜂酿的蜜已经漏掉了,蜜蜂不会修补蜂巢,仍然继续酿蜜,这说明,蜜蜂筑巢不是为了酿蜜,只是动物的本能活动。

生活智慧

征服南极(节选自茨威格的《人类群星闪耀时》)

20世纪初的世界,几乎已无秘密可言,所有之前地球上未曾被人类染指的地方,陆地或海洋,都留下了人类的足迹。当然也有特例,那就是地球的两极。

1911年,英国海军上尉斯科特开始了征程,他的目的地直指南极。在当时看来,他们几乎准备好了一切,从衣服到食物,再到拉雪橇的西伯利亚矮种马,一切貌似都在掌控之中。在经过近半年的等待之后,出发的日子终于来临。而就在这时,他们惊讶地发现,他们并非妄图征服南极的唯一团队,在距他们110公里的地方,有一个挪威人,也在计划着向南极挺进,他就是第一个到达南极的人——阿蒙森。国家的荣誉,个人的使命,强大的竞争对手,让斯科特本人以及团队感到了沉重的压力。但是此时的他们还是对未来充满了信心,因为一切都是那么顺利,至少看上去是这样。

点评:维茨格说得太好了,国家的荣誉,个人的使命,强大的竞争对手,能挖掘我们的潜能。如果人活着只是满足于温饱,那么人与动物何异?人之所以能激发出强大的力量,是因为人活着更是一种精神、信念、责任和使命感的感召。这种精神力量就是意识的能动作用。

  但就像上面所说的那样,顺利都是表面上的,真正的困难,随着斯科特的开拔,马上扑面而来。先是西伯利亚矮种马不适宜南极的冰天雪地,在走到比尔兹摩尔冰川时随着最后一匹马的死亡,他们不得不使用人力,拉着沉重的雪橇继续前行;接着是天气突然转变,冬季风的提前来临,让本来松软的雪变成了坚硬的"三角铁";可最大的困难总是被留在最后,当他们以为战胜了一切困难终于要迎来最后的胜利,成为世界上第一个踏上南极点的团队时,他们绝望地发现,在南极点上,已经飘扬着挪威的国旗,阿蒙森已经提前到达了这里。在人类的历史上,人们往往只能记得第一,第二终会被无情抛弃。梦想的破灭,成为压垮他们的最后一根稻草。带着疲惫,他们踏上了返回的道路,这时的斯科特和他的队友们,虽然天气并没有比来时更加恶劣,但是他们已经没有足够的能力克服了,因为他们失去了精神的支撑,他们现在是以失败者的身份返回的。

  点评:可以说斯科特倒霉至极,马的死亡、天气突变、极度疲惫等等困难都遇上了,但这一切都没有吓倒他们。他们凭什么能战胜极地突如其来的困难?信念!使命感!历史荣誉!这是对一个人的存在价值的肯定,历史的肯定,然而最终打倒他们的是一面旗帜,一面挪威的国旗。所有的使命、责任、荣耀都被这面旗帜一扫而空,他们失去了精神支撑。

  但是上天并没有因为他们是失败者就多给他们一丝一毫的怜悯,困难依旧接踵而至。寒冷的天气,持续的零下40度低温,使他们肢体麻木,用冻掉脚趾的脚挪动着;在冰天雪地里迷失方向,找不到补给储备点;在费尽周折终于找到储备点之后,才发现储备的煤油过少,不足以提供他们迫切需求的热量。一切看起来都是那么的苦难。大自然终于用它无情的手段打散了这支勇敢队伍最后的希望。先是有人在备受折磨之后疯了,然后是在一个早上,一位受伤的队友为了其他人的生存,在脱下衣服之后,走进了冰天雪地之中。悲壮,催人泪下的悲壮。最后的三个人并非幸运儿,在历经苦难之后仍看不到未来时,他们不得不选择放弃,在睡袋中等待着死亡的来临。

他们真的放弃了吗,答案是否定的,他们在一连串的灾难之后,放弃了自己的生命,这是他们的权利,但是他们依然坚持着自己的使命,这是他们的责任,他们在人生的最后一刻仍然坚守着自己的责任。斯科特用冻僵的手拿着笔写下了这次冒险失败的原因,为后来者提供了宝贵的经验;为他的每一个伙伴的家人留下了证明他们是勇士的证言;为自己的妻子还有儿子留下了自己的安慰和希望。他做了他所能做的一切,但唯独没有为自己做点什么,甚至是一份遗嘱。伟大莫过于此!

点评:人的意识,斯科特的责任意识,使这个差点被历史遗忘的失败者却让历史记住了他。以勇气挑战梦想,用生命承担责任,这样的人,找不出理由不去尊敬和纪念。历史是公平的,因为他的责任意识足够书写其伟大的丰碑,这让我们记住了斯科特。

生活境界

故事《我还有一个苹果》

有个探险家准备徒步穿越非洲的撒哈拉大沙漠,临行前他做了周密的安排。足够的水和食物用骆驼背着,为了防止迷失方向,他还特意在当地找了一名向导。

进入沙漠腹地后,他们遭遇了一场特大的沙漠风暴,铺天盖地的黄沙瞬间吞噬了一切。向导不见了,驮着食物和水的骆驼也没了踪迹。死亡的恐惧立刻像幽灵一样包围了这个豪情万丈的探险者。

就在他几乎绝望的时候,他发现自己口袋里还有一个苹果。他仿佛看到了生的希望,大脑也马上清醒了许多……

几天后,这位奄奄一息的探险者被当地的土著人救起。令人奇怪的是,这位昏迷不醒的人手里始终紧紧攥着一个已经干瘪的苹果。任凭你使多大劲也不能将他的手掰开。

这个顽强的探险者就是极具传奇色彩的瑞典医生斯坦利·库尼茨。他去世前曾为自己写下了这样一句墓志铭:我还有一个苹果。

我还有一个苹果！是啊，就是这样一个苹果，让这位伟大的探险者有了生的信心和希望。一个人在梦想的旅途中能走多远，要看他的信念是否强大。其实每个人心中都深藏着一个苹果。梦想是前进的方向，希望是前进的动力，如果在我们的内心深处能存有苹果的清香，我们就一定能够到达希望的天堂。

来自美国的 Kaya Sesser 生下来就没有腿，但这并没有阻碍她成为一个出色的模特和运动健将。图为22岁的 Kaya 在加利福尼亚的一个公园内玩滑板。

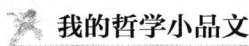
我的哲学小品文

美丽的思维之花

"那河畔的金柳，是夕阳中的新娘；波光里的艳影，在我的心头荡漾。"这是徐志摩《再别康桥》中的诗句。一个人即便没有去过英国剑桥大学，也不会妨碍他对诗句的欣赏，他的脑海里一定有康桥的河畔、金柳、夕阳、新娘、波光、艳影，尽管他从没有见过康桥的河畔、金柳、夕阳，也根本不知道徐志摩头脑中的新娘的艳影是怎样的，但这都不妨碍新娘的艳影在他的心头荡漾。因为，人有一个观念世界。休谟说，观念是印象的印象。我们感官印象能储存在大脑中，当事物不在眼前时，我们也能在大脑中想象出来，供我们选择、组合，创造一个幻想的世界。

我们不仅有一双作为感官的眼睛，我们还有一双内在的"思维的眼睛"。我看过南京海底世界的海豚表演。主持人说，海豚很聪明，能算出十以内的加减乘除，并当场进行表演。有观众出题，$3 \times 3 =$？海豚在发生器上碰了9次，全场掌声。驯兽员怎么训练海豚，我对此一无所知，但我能判断，海豚不会做数学题，这只是一场秀。我们按不可能的大小依次排序说几种情况。

第一种最不可能的情况，也是我们许多人认为存在的情况。海豚听到$3×3$，进行心算，得出9，因为它不会说话，所以只能用身体碰发生器，碰9下，表明它知道答案是9。首先海豚听不懂人话，假设海豚有较好的听力，它听到的也只是$3×3$的物理声响，无法听懂声响背后的符号意义。狗也听不懂人话，它也只是从你发出的声响和你的急切的动作进行反应。

第二种不可能的情况。海豚听不懂人出的题，但驯兽员能告诉它，它能算出答案。驯兽员无法告诉海豚$3×3$的意思，因为，$3×3$是抽象的符号，动物无法形成3、乘法、乘积等概念。

第三种不可能的情况。驯兽员直接帮海豚算出答案，然后竖九个指头，并帮助数到9，海豚数到9就停下来了。海豚不会数数，它也不可能在脑中有一个不断累加的数字。

第四种情况，也是唯一的可能情况。驯兽员发出指令，让它去碰发生器，然后，海豚就去碰发生器，当海豚碰到9下，驯兽员立即发出停止的指示。海豚在整个过程中只接受两次信号，一次开始，一次停止，剩下的动作就是不断机械地重复碰发生器，根本不可能数到9。我甚至没有近距离看过海豚，也不知道海豚的习性，驯兽员怎么训练海豚的情况也一概不知，但思维的力量能揭示深藏其中的秘密。

人不仅能认识世界，而且还能按照自己的意志去改造世界。蜜蜂筑巢，蜂巢是精美的正六边形，人类望尘莫及。但蜜蜂筑了亿万年的巢，还是一样的巢。几十万年前人类还穴居，今天摩天大楼鳞次栉比，高档场所可谓享受至极，人类的居住梦想是否就此停止？不用一百年，人类的居住场所的变化就让人惊奇，四维空间或许成为可能。是什么引起人的行为与动物的行为如此不同？是意识，人的行动是有意识指导的，观念世界里的科学进化使人能够创造出自然永远也不能进化出来的事物。我们可以用深海生物治病，我们可以利用太空辐射产生新生物，而动物只能利用本能。

鲑鱼生活在海里，却要游到内河源头去繁殖，行程常达上千公里，一路上，它们不吃不喝，迎接一个个严峻挑战，在瀑布或河流落差大的地方，它们必须一次次地奋力跳跃，往往伤痕累累，甚至撞死在石头上，还有数不清的天敌磨刀霍霍在等候着它们的到来。但它们从不畏惧，更不后退，历尽千辛万苦、千难万险、九死一生，终于到达目的地。鲑鱼是不是像人一样具有顽强的意志力，能够忍受生理上的痛苦，达不到目的誓不罢休呢？不是，这是动物的本能，它不是忍受生理上的痛苦，恰恰相反，瀑布的气味能让鲑鱼生理上的难受舒服一点，本能迫使它寻找远方的气息。人的行动是由意志指导的，可怜身上衣正单，却心忧炭贱愿天寒；人能做到宁愿饿死也不吃美国救济粮。暑假看过一节《大真探·爬出鬼门关》，主人公在旅游淡季跌入景区的一处悬崖下，身上多处骨折，动弹不得，靠意志力克服剧烈疼痛爬上悬崖，最终获救。人的潜能和意志力难以想象，海伦·凯勒能获得博士学位，黑人男孩奥巴马能成为美国总统。当然，意识是第二位的，它绝不是无所不能的幽灵，它无法超越物质，尼采的超人哲学就夸大了意志的作用，必然走进唯心主义泥潭。

C15
◎ 坚持一切从实际出发，实事求是 ◎

生活经验

《在滑铁卢的一分钟》

成功和失败往往只差一步。在这一步之中，时间显得如此吝啬，人性显得如此丰满，都是我们始料未及的。《在滑铁卢的一分钟》的一章中，这一点表现得淋漓尽致。

大名鼎鼎的拿破仑怎么也不会想到自己的命运竟掌握在一个平庸的循规蹈矩的格鲁希元帅手中。拿破仑给格鲁希的命令是：务必率三分之一兵力去追击撤退的普鲁士军。然而滑铁卢战役提前开始了，一切都变了。普法军队的主力全部集中到滑铁卢，而怯弱的格鲁希带着大队人马游魂般地在战场外追击不存在的普军。更可悲的是，格鲁希听到战场上传来的隆隆炮声，才明白战役开始了，将士们纷纷恳求支持前线，格鲁希考虑了一下，只考虑了一秒钟，然而就这一秒钟却决定了他自己的命运、拿破仑的命运、世界的命运甚至整个十九世纪的命运。他的决定仍然是执行皇帝的命令，追击不存在的普军。

格鲁希面对战争情况的变化，是怎么想的？一个平庸的循规蹈矩的将军，他能怎么想？他只知道执行皇帝的命令。执行上级的命令，一切服从指挥,军事上尤其强调这一点,中国还有一句古话,"将在外,君命有所不受"。那么要不要服从上级的命令呢?"一切行动听指挥",意思是听从上级的全局把控,要求每一部分都要服从全局利益,防止个人英雄主义、只看局部利益而损害整体利益。拿破仑用三分之一的军力阻止普鲁士士兵与主力会合,在战略上是正确的,但战争形势瞬息万变,滑铁卢战争提前爆发了,双方势均力敌,谁的援军先到谁就能取得胜利。这就需要格鲁希迅速援军拿破仑。这就需要"将在外,君命有所不受",将军带兵打仗,君王在朝廷并不知道战场的瞬息万变,作为将军应根据瞬息万变的战争形势及时调整战略。一切从实际出发,要以客观存在的事实为依据,根据不断变化的事实做出决定,而不是依据第二性的理论、政策、指示等。这一点,共和国第一大将粟裕给我们做出了榜样。

生活智慧

粟裕与淮海战役

1948年1月初,为扩大战略进攻,把战争引向蒋管区,中央决定粟裕率华野3个主力纵队渡长江南下,开辟江南战场,吸引敌军分兵,配合刘邓大军行动。时任华野副司令员的粟裕认真分析了敌我力量的对比和当前的全国战局,认为随着敌我双方力量的消长和战略战术的变化,解放军在长江以北打更大规模的歼灭战,更有利于加速胜利进程。粟裕向中央军委提出了发展战略进攻、改变中原战局的战略构想,建议在中原战场上采取忽集忽分的战法,集中兵力打大仗。粟裕的建议引起了中央的重视,但中央复议的结果是坚持既定决策,电示粟裕,要他率3个纵队渡江南进,组成"东南野战军"。

粟裕深知对中央已经确定的战略决策,不宜轻易提出不同意见。他一方面坚决贯彻执行中央的指示,认真研究渡江具体方案,着手做好南进准备,另一方面进一步研究改变中原战局、发展战略进攻的最佳方略。经过两个多月的反复思考,1948年4月18日,粟裕再次致电中央军委,建议华野3个纵队暂不渡江南进,而是集中兵力在中原黄淮地区打几个大规模的歼灭战。

粟裕多次来电坚持中原决战,引起了中央的高度重视。毛泽东要陈毅、粟裕赴河北中央驻地当面汇报。毛泽东、刘少奇、周恩来、朱德、任弼时五大书记集体听取了粟裕的汇报,当场决定采纳他的建议,集中兵力在中原黄淮地区打大歼灭战。

如何对待中央的既定战略?粟裕既尊重中央决策,同时又发挥主观能动性,积极提出自己的见解,并不是盲目地执行中央决策。对全国战局进行思考并提出自己的意见,这可能超出了一个司令员的职权,但从哲学视域看,对中央的既定战略提出反对意见并没有错。因为所有的决策都是第二性的,其正确或错误只有在实践中才能得到检验,没有人拥有绝对真理,根本就没有绝对真理,一切正确认识都是具体的、有条件的。

黄伯韬的三不解

黄伯韬临死前对部下说:"我有三不解:一是我为什么那样傻,要在新安镇等待两天;二是我在新安等了两天,为什么不在运河上架设军桥;三是李弥兵团既然以后要东进援救我,为什么当初过早撤退曹八集,不在曹八集附近等我。"

有人认为,国民党军队的失败是天意,你是怎样看的?主观能动性的发挥要以尊重客观规律性为前提。其实,并没有什么天意,人民群众才是历史的创造者。淮海战役是人民战争的胜利。战初,共产党拥有60万兵力,国民党拥有80万兵力,但是,共产党有500万民工的支援。李弥兵团被围双堆集,杀战马,拿纸币作燃料;共产党这边,吃的是民工支援前线的猪肉炖粉条。此战之后,江北无战事。

生活境界

2012年，刘翔遗憾告别伦敦奥运

刘翔从神坛回归人间。与北京奥运会一样，在刘翔伤退后，田管中心第一时间召开新闻发布会，公布刘翔的伤情。"根据医学专家初步诊断，怀疑刘翔的跟腱有可能断裂，不过具体情况还要等到去医院做进一步检查。"田管中心副主任冯树勇介绍说，刘翔是起跑上栏时，发力瞬间跟腱受伤，导致他摔倒在地，最终没有完成比赛。

把尊重客观规律性与发挥主观能动性结合起来。无论意识的能动作用有多大，但它始终是第二性的，我们想问题、办事情必须以尊重客观规律为前提，从客观存在的事实出发，以客观实际为依据，不能依据主观意识。因为意识最大的特点就是主观自由，人的欲望会膨胀，最终是欲壑难填，人们永远对现实不满，抱怨现实，抱怨人生，抱怨他人。

我的哲学小品文

做一件事要有几成把握？

有人做事要等到有了九成甚至十成把握才去做，你可能认为他保守，容易误失时机，酿成终身憾事。有人做事只要有二三成的把握就觉得应该去行动了，你可能认为他急促冒进，条件不成熟，同样会酿成苦果。你可能认为，事情有六七成把握就可以办了，主观上再努力一把促一促，事情就能办成。 你是否想到，我们谈论的话题并无定论。 没有这样的规定，只有一成把握的事就不能办；也没有这么一条真理，有了十足把握的事就一定能办成。 它们甚至都不能对应成功概率的多少。 反思一下，为什么我们认为的"把握"却不能真正地把握事情呢？ 原因很简单，因为你的"把握"是你认为的"把握"，是你主观上的"认为"，而不是客观上的事实。

　　傍晚，笔者想到银行办点事。 走到小区附近的储蓄所，一看里面有十多号人，要等好长时间才能办好。 而不远处的银行支行，营业厅大，平日里顾客又少，于是决定到支行去办。 走到支行一看，里面等待的人更多，有二三十号人，有许多刚开学的大学生来缴学费。 盘算一下，两相比较，还是折回头快一些，能节省时间。 于是，又回到小区储蓄所。 不料储蓄所的卷帘门已拉下一半，不再受理业务。 一看时间，还有5分钟就到银行下班时间了，想必支行也拉下卷帘门了，最终事情没有办成。

　　整个过程，我主观上的盘算好像没有错，符合经济学的效益最大化原则，想用较短的时间办成事。 谁会想到平日里空空荡荡的营业大厅会有熙熙攘攘的大学生呢？ 谁会想到折回储蓄所，刚好它不再受理业务呢？ 客观事实并不因为我们主观上的盘算而改变，究竟谁错了？ 客观事实就是客观事实，它受客观必然律制约，无所谓对错，只有人才会犯错误。 因为人有主观意志，他可以选择。 可以选择做，也可以选择不做；可以选择这样做，也可以选择那样做。 有选择就有风险，有风险就有成败，事情的成败也就验证了我们当初选择的对错。 所以，需要改变的是我们的想法，而不是客观实际。

　　事实上，我的主观盘算错了。 我完全可以更深入、更全面地看待客观实际。 我可以看一下时间，估算一下离银行下班的时间，是否还来得及。 当然，我很难想到银行附近有一所大学，大学开学会与银行业务有联系，这是我的理性能力所限，因此，人做事情，错误是难免的。 尽管如此，有一点是可以肯定的，就是我们想问题、办事情一定要做到一切从实际出发，而不能从主观出发，要把握客观事实，而不是臆造事实，要以求真务实的精神探求事物的本质和规律，而不是陷入主观上无意义的争论。

A16 实践的含义和特点

生活经验

是骡子是马，拉出来遛遛

马、骡体形类似，本领却各有所长。骡子食量小，行速慢但负重大；马食量大，负重小但善奔跑。是骡子是马？拉出来遛遛就知道了。

同样，怎样知道牛会不会耕田？嘴上争论没有任何意义，因为无论争论如何，都是在意识范围内的，所谓正确认识是主观符合客观的认识，所以必须看到客观实际。因此，漫画中农夫的观点是正确的，而老者的观念只是主观思辨，无法得到实际情况。仔细推敲一下，这里面还有几个小问题。

第一，有没有一生下来就会耕田的牛？历史地看，耕牛是人驯化的结果，并没有一生下来就会耕田的牛。

第二，牛耕田的"本领"从何而来？是在人不断驱使其耕田的过程中习得的。人驾驭了这种自然力,与其说是牛的本领,还不如说是人的本领,而人的本领是在社会实践中不断建构的。我有一个观点,就是选择无所谓对错。比如,婚姻与爱情,女人在两个男人中选择,当你选择其中一个,你也就无法知晓与另一个人生活的结果。其实,什么样的男人不是一生下来就"定型"的,没有男人一生下来就是优秀的男人或"渣男",男女双方在家庭生活中是相互塑造的,是生活实践的产物。

第三,实践是人们改造客观世界的物质性活动。实践区别于主观世界的"纸上谈兵",是"真刀真枪"的"干",是物质性的活动。所以,实践最重要的特点是它的直接现实性,即能把我们主观的谋划通过实践转化为现实。

生活智慧

人类实践具有社会性

鲁滨孙在孤岛上的活动具有社会性吗?单个人的实践活动是有的,但人的实践活动不是孤立的,都具有社会性。假想在某个荒岛上,我们能区分出人的活动与动物活动的不同印记吗?只要是人的活动,他的行为与动物就不一样,与野人也不一样。美国有部电影叫《荒岛余生》,情节类似于《鲁滨孙漂流记》。在荒岛上,主人公与一个"破皮球"的情感交流以及他与未婚妻的合影照片成为他生活下去的精神支柱。他住的山洞里有"艺术装饰",他有海洋、季风、洋流方面的知识,他的行为是文明社会的行为。

生活境界

马云:我为何为乡村教师代言?

我毕业于师范院校,最遗憾的是只当了六年老师,心里一直觉得挺内疚。今天有这么一个机会,能够为老师、同行、同学们做点事情,是我莫大的荣幸。

我最近去农村基层看了看,觉得现在农村的教育跟以前相比有了很大变化,发展非常迅速。但可以做的事情和应该做的事情依然很多。现在农村建了许多希望小学，但其实我觉得农村最缺的是老师。

　　马云的专业是英语，他读的是师范院校，如果他选择做一辈子教师，就不会有现在的电商马云。当然，做教师也有做教师的时代性要求，也能成为时代的教育弄潮儿。虽说"三百六十行，行行出状元"，但每个时代的历史使命是不同的。瓦特的蒸汽机开创了人类工业革命的新时代；爱迪生发明了电灯，表明以电力应用为标志的第二次工业革命的到来。谁把握了时代的脉搏，谁就有可能成为时代的弄潮儿。所以，人类实践水平具有历史性，不同历史时期其实践水平不一样。人生的意义莫过于卷入历史洪流中的社会实践。社会生活的每项工作都是人类所必需的，你的工作能力能与时代的发展相切合，你的实践才具有真正的社会历史性。

B17 实践是认识的基础

生活经验

为什么以前人们不敢吃西红柿

由于西红柿艳丽诱人,人们都怕它有毒,只欣赏其美而不敢吃它。当时,英国医生警告人们说,食用西红柿会带来生命危险。若不是美国人罗伯特上校采取了一次破天荒的行动,恐怕人们至今仍不知道西红柿是什么滋味。罗伯特向全镇人宣布,他将当众吃下 10 个西红柿,看看它究竟是不是有毒。罗伯特的行动证明了西红柿没有毒。于是,西红柿名声大振,在世界各地广为传播。这个例子告诉我们,实践出真知。人的认识来源于实践,离不开实践,有时甚至要经历反复的实践论证,才能最终获得科学、正确的认识。

类似的事例还有神农氏尝百草。另有传说华佗发明麻醉药——曼陀罗麻沸散时,他在试药的过程中把嘴巴都吃肿了,失去了知觉。当然传说并不可信,但要知道药草的性能必须得尝一尝。所以,第一个吃螃蟹的也是英雄,因为谁都不知道螃蟹是否有毒,毒性有多大,尝试者需要冒着必死的信念去尝试。

生活智慧

15 世纪绘制的世界地图

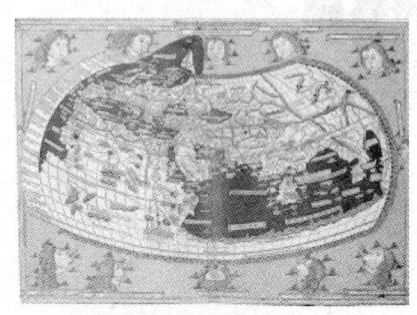

15 世纪的欧洲人为什么认为世界就是欧洲、北非以及亚洲的一些地方，一片广阔陆地的尽头是万丈深渊？人类实践的范围决定了人类认识的范围。当时人类航海的范围仅仅在欧洲、北非以及亚洲的一些地方，所以，人们对世界的认识也就局限在这些地域。

冥王星为什么会降级？

实践中遇到的新问题推动了认识的发展。"齐娜"的发现，使得对行星进行分类提上了议事日程。因为"齐娜"的直径小于月球的半径，伴随着人类实践水平不断提高，将来有可能发现更多直径小于月球的行星，那么太阳系的行星就面临着分类问题，于是将小于月球直径的行星归为"矮行星"。而之前被列为九大行星的冥王星直径也小于月球直径，这样，冥王星就降级为"矮行星"了。所以，实践中的问题推动了认识的发展。

推动认识向前发展的另一个因素是实践所提供的认识工具。不难理解，"一部望远镜的历史就是一部天文学的历史"。

马丁·路德的宗教改革

马丁·路德认为，"只要相信耶稣基督就能得救"，不必对神父的指示言听计从，你只要相信上帝，抱持信仰就行了。这对当时兜售赎罪券的教皇是一次极大的打击。

异教徒必须受火刑烧死，马丁·路德是如何逃过这个劫数的呢？有好几个原因。其中一个原因是印刷术的发明。马丁·路德开始抨击教会之时，印刷术还是个新发明,问世不过五十年。他对教会的批评和谴责立刻被印成文字,传遍了整个欧洲。教皇要打压马丁·路德的计划还没有成形,他的大名已是人尽皆知,每个人都在拜读他的批评文章。在过去,也曾有许多异教徒在一国之内带领着一小撮跟随者,但马丁·路德不一样,他很快就拥有了大批拥趸,国内国外都有。

万有引力定律的证明

根据万有引力定律,人们发现了海王星。1781年,人们发现了太阳系的第七大行星——天王星,但它的理论位置与实际观测不符。科学家们设想有一颗未知的行星对它产生了影响。经过科学家的计算,1846年,人们终于发现了海王星,从而证明了万有引力定律是正确的。

新航路的开辟是否仅仅为了证明地球是圆的?

新航路的开辟最初是为了去寻找黄金。欧洲的商人们开始直接同世界各地建立商业联系,他们把亚洲的茶叶、丝绸、瓷器、香料,非洲的黄金、象牙,美洲的黄金、白银、玉米、烟草以及欧洲的枪支、工艺品等运往各地销售,赚取丰厚利润。从此,以西欧为中心的世界市场的雏形开始出现。实践是认识的最终目的。

生活境界

"两个凡是"与实践是检验真理的唯一标准

第一,哲学与政治的关系。

政治需要哲学。毛泽东之所以如此重视哲学,提出实事求是,是为了批判教条主义,是为了给中国革命找到正确的道路。邓小平之所以重视哲学,重申实事求是,是为了批判"两个凡是",从而正确解决中国社会主义建设的道路问题。离开了这一政治背景,仅仅从学理的角度去理解实事求是,把实事求是还原为一般唯物论和认识论原理,就索然无味。实践是检验真理的唯一标准,本是马克思主义哲学的常识。可是,它在当代中国的政治生活中转变为一个政治性命题,并发挥了巨大的社会作用。之所以如此,是因为这一

"常识"契合着当时的政治问题,而当时的政治问题也需要这一"常识"冲破"两个凡是"的思想藩篱。

同时,哲学不可能脱离政治。哲学总是具有自己独特的政治背景,总是以自己独特的方式蕴含着政治,总是具有这样或那样的政治效应。马克思之所以重视否定性的辩证法,是因为"辩证法在对现存事物的肯定的理解中同时包含对现存事物的否定的理解,即对现存事物的必然灭亡的理解"。也就是说,马克思之所以重视辩证法,背后有其现实问题,有其政治内涵,这就是批判、否定资本主义,实现无产阶级和人类解放。如果我们只是看到辩证法的学理性,而没有看到它背后的现实问题和政治内涵,就没有真正理解马克思的辩证法,就没有真正理解马克思为什么强调辩证法在本质上是"批判的和革命的"。往前讲,法国资产阶级革命爆发之前,法国启蒙哲学登上历史舞台,为法国资产阶级革命摇旗呐喊。德国资产阶级革命爆发之前,德国古典哲学登上历史舞台,为德国的资产阶级革命鸣锣开道。往后看,海德格尔哲学"从头到尾都是政治的",政治参与是"其哲学的逻辑结果"(彼得·盖伊语),"哲学家海德格尔和政治激进主义者海德格尔是同一人"(汤姆·洛克莫尔语)。即使是解构主义哲学也不是所谓"纯粹哲学",与政治无关。用解构主义大师德里达的话来说,解构主义是通过解构既定的话语结构来挑战既定的历史传统和现实的政治结构。

第二,实践是认识的来源。

1978年底,我国进入了社会主义现代化建设的新时期,坚持改革开放,走中国特色的社会主义道路。相对应地,我们对社会主义的认识也在不断变化:1982年提出建设中国特色的社会主义;1987年提出"一个中心,两个基本点";1992年提出什么是社会主义、怎样建设社会主义,提出"三个有利于";十四大提出改革的目标是建立社会主义市场经济体制。

由此,笔者发现,中西方理论在指导实践上有很大的差异。西方学者提出的许多理论,不及中国(中共)领导人提出的理论。前者不能形成统一的思想,难以执行,后者能得到有力的贯彻。不禁想到毛泽东思想、邓小平理论、"三个代表"重要思想、科学发展观,这些大国的集体智慧适合大国的集中领导。中国人的思维是家国天下,西方人的思维是自我人文。

我的哲学小品文

人存于思,而在于事

  人有何德何能,能成为万物之灵? 答案很简单,因为除人之外的万物都没有"灵",只有人有"灵",所以,人就成了万物之灵了。这一论证方法与康德论证"人是目的"的方法是一样的。如果自然是一个目的系统,那么就有一个自然中的一切事物都为之而存在的目的,即自然的"最高目的",而这个"最高目的"只能是人。因为在自然界之中人与众不同,他可以形成目的概念,以其理性将一切有目的的东西构成为一个目的体系,并且使它们从属于他的目的之下。

  人存天地间,其存在的依据就在于人的特殊性。如果人与某种生物一样,那么,这个生物就可以代替人,人就没有存在的必要,存不存在都无关紧要,在根本上没有区别。所以,人存在的必要,或者说,人存在的意义和价值就在于他与所有的生物都不同,或者说,所有的生物都不具有人的特性,而这一特性就是人的思维,因此,人存于思。然而,仅有思维人是无法存在的,或者说,仅有思维人只是存而不在,像悬置在半空中的孤独的个体,尽管他有灵魂但无法与现实世界发生联系,因此,他并不在世界之中。因为思维并不具有实在性和现实性。

  历史上许多哲学家都将人的存在归于思维、理性、意志或者绝对精神。康德的先验哲学认为,人的理性是先验的,是生来就有的,不是在后天经验基础上形成的。理论理性是自然领域的"是",也就是实事求是的"是",它受制于自然必然律,实践理性是属于道德领域的"应该",但它也是先验的。就像我国孟子所讲的人性有"四端",即"恻隐之心,仁之端也;羞恶之心，义之端也；辞让之心，礼之端也；是非之心，智之端也"。孟子认为恻隐、羞恶、辞让、是非四种情感是仁义礼智的萌芽。那么，人的道德理性又是从哪里来的呢？或者说，是谁决定了人的道德理性呢？康德看不到人的实践，只能将人的意志自由、道德自律、责任法则归结于上帝，康德哲学最终走向了神学目的论。黑格尔有一个著名的论断，即"凡是合乎理性的东西都是现实的，凡是现实的东西都是合乎理性的"。要理解这一句话，必须知道黑格尔的另外两个命题，即"实体即主体"和"绝对即精神"。万事万物之所以是现在的状态，是因为其自身内部的矛盾运动，所以，事物的运动是事物自身的自我运动，即"主体"运动。而这一运动的本质规律，即"绝对"是通过人的精神揭示出来的。因此，只有人的精神才能使合理的（绝对的）成为现实。人的精神不是随意的胡思乱想，而是能认识"绝对"的精神，因而万物的存在，包括人的存在都是绝对精神。存在主义大师海德格尔的观点总算接近了真理，他看到哲学家们谈论的只是存在者（人）而不是存在（人的存在），人的存在是"亲在"，在天地人神的世界之中，而不是纯粹的思维。可惜，海德格尔并没有把人的存在归于实践，而是归于日常琐事的"烦"和向死而生的"畏"。尼采则把人的存在归于自由意志，人要做超人，克服一切束缚，追求绝对自由，甚至要超越肉体的束缚，那只有自杀，所以，尼采自杀了。

只有马克思看到了实践才是人存在的内在根据。马克思的著名论断"劳动创造了人本身""物质资料的生产是人类存在和发展的基础"都说明了人的产生、发展离不开生产实践，人只有在实践中才得以存在。这两句话不能简单地理解为生产劳动只是为人的生存提供了衣食住行等物质资料。事实上，实践开启了人的本真状态。人只有在改造自然中才能将自己的主观想法作用于自然，在改造自然中显现出人的意志，即自然的人化；也只有在实践中才能结成社会关系，并不断改进社会关系；同时，人的主观认识也在改造世界的活动中不断推进，即在改造客观世界的同时也在不断地改造自己的主观世界。从实践与认识的关系看，实践才是认识的基础。世界不是在人们将其当作直观的"对象"中被认识的，而是在人们将其当作"活动"

中获得认识的。人类感官的感觉能力并不比动物强，人的认识之所以不断被超越，就是因为实践。实践是联结已知的事实世界和未知的试图改造成的理想世界的桥梁。人的实践以一种现实的、物质的力量打开了一个可能的世界，它所造就的敞开性和可能性不仅让实践者以亲在的方式去体认，而且体现着绝对的超出原有经验的指向。人对事物本质的认识是在实践中开启的，实践不断深入的过程也是事物本质不断敞显和生成的过程，人类的认识只不过是对这一过程的表达而已。至此，按照黑格尔的说法，世界获得了它的现实性，但这种现实性不是黑格尔意义上的绝对精神的逻辑生成，而是在人类实践中生成的。

B18
◎ 真理是客观的、具体的、有条件的 ◎

生活经验

伽利略发现了自由落体定律

伽利略发现了自由落体定律，证明了物体的下落速度与物体的质量无关，从而否定了古希腊哲学家亚里士多德以来关于物体大小决定了下降速度快慢的认识，为后来经典力学的创立和发展奠定了基础。

24岁的伽利略是意大利比萨大学的数学教授。遇到难题时，他就经常坐在当地的教堂里。教堂里的照明灯在长链子上轻轻地摆动着。1598年夏天，他发现这些灯总是以相同的速度摆动。

伽利略决定测量照明灯摆动的时间，于是，他按住脖子上的脉搏开始测量其中的一盏灯的摆速，接着他又测量了另一盏稍大的照明灯的摆速，结果发现两盏灯的摆动速度相同。他借来了祭台助手点灯的长灯芯，用力摆动大小不同的两盏灯。经过多日的计时测量，他发现不论灯质量大小，弧线长短（松手点与最低点的高度差始终相等），这些灯沿着弧线摆动速度完全相同。

质量大的灯和质量小的灯以相同速度沿着弧线下落，这一发现与持续2000年的理论基础截然不同。伽利略深为这一发现所吸引。

真理是与客观对象相符合的认识，是人们对客观事物及其规律的正确反映。伽利略的认识是正确的，亚里士多德的认识是错误的，真理与谬误不容混淆。真理虽然是一种主观认识，但与客观相符合的主观认识只有一个，因此，真理最基本属性恰恰是客观性，而不是以人的意志为转移的主观性，真理面前人人平等。

生活智慧

牛顿的猜想

牛顿的猜想：地球与太阳之间的吸引力与地球对周围物体的引力可能是同一种力。依照国际单位制，F 的单位为牛顿（N），m_1 和 m_2 的单位为千克（kg），r 的单位为米（m），常数 G 近似地等于 $G=6.67\times10^{-11}\mathrm{N}\cdot\mathrm{m}^2\cdot\mathrm{kg}^{-2}$（牛顿平方米每二次方千克）$F=\dfrac{GMm}{r^2}$。

经典万有引力定律有其适用范围。

经典万有引力定律反映了一定历史阶段人类对引力的认识。在 19 世纪末，科学家发现，水星在近日点的移动速度比理论值大，即发现水星轨道有旋紧，轨道旋紧的快慢的实际值为每世纪 42.9″。这种现象用万有引力定律无法解释，而根据广义相对论计算的结果，旋紧是每世纪 43.0″，在观测误差允许的范围内。此外，广义相对论还能较好地解释谱线的红移和光线在太阳引力作用下的偏转等现象。这表明广义相对论的引力理论比经典的引力理论进了一步。

通俗地说，经典的万有引力定律适用范围也可用一数量表示。牛顿的经典力学只适用于低速、宏观、弱引力，而不适用于高速、微观与强引力。

宏观物体之间的相互作用，除引力外，所有接触力都是大量原子、分子之间电磁相互作用的宏观表现。所有具有质量的物体之间的相互作用，表现为吸引力，是一种长程力，力程为无穷。其规律是牛顿万有引力定律，更为精确的理论是广义相对论。有质量的物体之间的相互作用在 4 种基本相互作用中最弱，远小于强相互作用、电磁相互作用和弱相互作用，在微观现象的研究中通常可不予考虑，然而在天体物理研究中起决定性作用。

生活境界

在平面内，三角形内角之和等于180°；在凹曲面上，三角形内角和小于180°；在球形凸面上，三角形内角和大于180°

我有一个问题：同一个三角形凸面朝上为凸曲面大于180°，反过来为凹曲面小于180°，几何中的形体是没有厚度的，实际上两个三角形的三条线是同样的，也就是"放法"不同，或正放或反放。为什么同样的三条线组成的同一个三角形仅仅因为"放法"不同，三个角的和就不同呢？

最后我想明白了。没有厚度在现实中是不存在的，即使是一张纸的厚度，凸面与凹面也是两个三角形，不是同一个三角形。真理是主观与客观具体的历史的统一，如果离开了具体条件范围，真理就变成了主观认识，丧失了客观性。

时空因物质而存在

在经典力学中，空间、时间和质量都与物体的运动速度无关。一座钟无论处于静止还是运动状态，它的快慢保持不变，这与人们的日常经验相一致。但是，爱因斯坦却提出了不同的看法，相对论的观点与人们的日常经验不一致，但它在物理学上却十分合理，并为实验所证实。爱因斯坦为了说明时间的相对性，曾经举出这样的例子：把两个完全一样的钟，分别放在地球的北极和赤道上，由于地球自转的缘故，赤道上的钟会比北极的钟走得慢一些。他的计算表明：当速度增大时，时间将会变慢；当速度达到光速时，时间也就停止了。

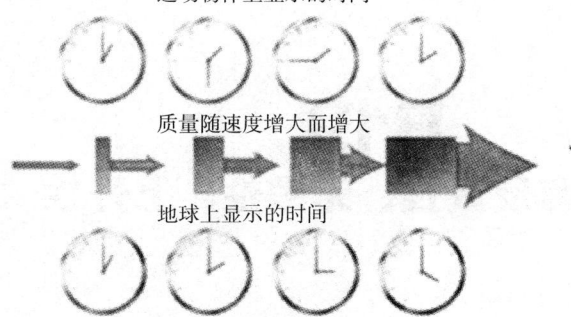

爱因斯坦的质能方程表述如下：$E=mc^2$。

其中，E是能量，单位是焦耳(J)；M是质量，单位是千克(kg)；c在数值上等于光速的数值大小，$c=299\ 792\ 458$ m/s。

该公式表明，物体相对于一个参考系静止时仍然有能量，这是违反牛顿力学体系的，因为在牛顿力学体系中，静止物体是没有能量的。这就是为什么物体的质量被称为静止质量。公式中的E可以看成是物体总能量，它与物体总质量（该质量包括静止质量和运动所带来的质量）成正比，只有当物体静止时，它才与物体的（静止）质量（牛顿力学体系中的"质量"）成正比。这也表明物体的总质量和静止质量不同。

反过来讲，一束光子在真空中传播，其静止质量是0，但由于它们有运动能量，因此它们也有质量。

这个方程对于原子弹的发展是关键性的。通过测量不同原子核的质量和那个数量的独立质子和中子的质量和的差，可以得到原子核所包含的结合能的估计值。这不仅显示可能通过轻核的核聚变和重核的核裂变释放这个结合能，也可用于估算会释放的结合能的量。注意质子和中子的质量还在那里，它们也代表了一个能量值。

这里借鉴高二学生正在学习的历史必修三中的相关内容，阐述真理是具体的、有条件的。笔者以为，用学生已有的相关知识来为政治课教学服务，能提高政治课教学的科学性，同时有助于学生打通学科间的界限，达到融会贯通。这也是笔者主持的一项省级课题"学科边界渗透与教师专业自主的研究"所展开的研究。

B19
◎ 认识具有反复性、无限性、上升性 ◎

生活经验

行星逆行

　　1609年,伽利略发明了天文望远镜,并以此发现了一些可以支持日心说的新的天文现象后,日心说才开始引起人们的关注。然而,由于哥白尼的日心说所得的数据和托勒密体系的数据都不能与第谷的观测相吻合,因此日心说此时仍不具优势。直至开普勒以椭圆轨道取代圆形轨道修正了日心说之后,日心说在与地心说的竞争中才取得了真正的胜利。

　　太阳每天东升西落,这种现象让我们坚信"地心说"。但天文学家通过观察行星,发现行星逆行现象,这与地心说相悖。因为,如果地球是宇宙的中心,即所有天体都围绕地球转动,那么行星是不会发生逆行现象的,由此证明,地心说是错误的。

生活智慧

量子力学

量子力学是描写微观物质的一个物理学理论，与相对论一起被认为是现代物理学的两大基本支柱。

量子力学是非常小的领域——亚原子粒子中的主要物理学理论。该理论形成于20世纪早期，彻底改变了科学家对物质组成成分的观点。在量子世界，粒子并非是台球，而是嗡嗡跳跃的概率云，它们并不只存在一个位置，也不会从点A通过一条单一路径到达点B。根据量子理论，粒子的行为常常像波，用于描述粒子行为的"波函数"预测一个粒子可能的特性，诸如它的位置和速度，而非实际的特性。物理学中有些怪异的想法，诸如纠缠和不确定性原理，就源于量子力学。

1900年，普朗克提出辐射量子假说，假定电磁场和物质交换能量是以间断的形式（能量子）实现的，能量子的大小同辐射频率成正比，比例常数称为普朗克常数，从而得出普朗克公式，正确地给出了黑体辐射能量分布。

1905年，爱因斯坦引进光量子（光子）的概念，并给出了光子的能量、动量与辐射的频率和波长的关系，成功地解释了光电效应。

当微观粒子处于某一状态时，它的力学量（如坐标、动量、角动量、能量等）一般不具有确定的数值，而具有一系列可能值，每个可能值以一定的概率出现。当粒子所处的状态确定时，力学量具有某一可能值的概率也就完全确定。这就是1927年海森伯得出的测不准关系。

这里简单介绍"量子力学"，网上的资料很多，有通俗的介绍，与我们正在学习的历史必修三的内容结合起来，用其他学科知识为哲学教学服务，有其他学科知识作支撑，不仅提高了哲学学习的深度与厚度，而且使不同学科知识融会贯通，提高了我们的哲学素养和多种学科素养。

玻尔理论

玻尔，量子力学的杰出贡献者，玻尔提出电子轨道量子化概念。玻尔认为,原子核具有一定的能级,当原子吸收能量,原子就跃迁至更高能级或激发态,当原子放出能量,原子就跃迁至更低能级或基态,原子能级是否发生跃迁,关键在两能级之间的差值。

由于微观粒子具有波粒二象性,微观粒子所遵循的运动规律就不同于宏观物体的运动规律,描述微观粒子运动规律的量子力学也就不同于描述宏观物体运动规律的经典力学。当粒子的大小由微观过渡到宏观时,它所遵循的规律也由量子力学过渡到经典力学。

C20
◎ 坚持在实践中不断追求真理 ◎

生活经验

NASA 宣布在火星表面发现液态水证据

2015 年 9 月 28 日消息,美国宇航局(NASA)27 日获得照片显示,NASA 已经确认在火星发现液态水存在的证据。这一发现来自 NASA 的火星侦察轨道器(MRO),MRO 所拍摄的怪异黑色条纹已经被证实是由火星上的液态水形成。

人类对火星的认识随着实践的发展不断推进。为什么要在实践中不断追寻真理?而不是在思考中追寻真理呢?因为实践是认识的基础。为什么要不断追寻、不断探索真理呢?因为认识具有反复性、无限性和上升性。下面我们从氢气的发展历史,感受一下人类追寻真理的过程。

生活智慧

氢气的发展历史

早在 16 世纪,瑞士的一名医生就发现了氢气。他说:"把铁屑投到硫酸里,就会产生气泡,像旋风一样腾空而起。"他还发现,这种气体可以燃烧。然而,他是一位著名的医生,病人很多,没有时间去做进一步的研究。

17世纪时,又有一位医生发现了氢气。那时人们的智慧被一种虚假的理论所蒙蔽,认为不管什么气体都不能单独存在,既不能收集,也不能进行测量。这位医生认为氢气与空气没有什么不同,很快就放弃了研究。

最先把氢气收集起来并进行认真研究是在1766年,研究者是英国化学家卡文迪什。

卡文迪什非常喜欢化学实验。在一次实验中,他不小心把一个铁片掉进了盐酸中,他正在为自己的粗心而懊恼时,却发现盐酸溶液中有气泡产生,这个情景一下子吸引了他。他又做了几次实验,把一定量的锌和铁投到充足的盐酸和稀硫酸中(每次用的硫酸和盐酸的质量是不同的),发现所产生的气体量是固定不变的。这说明这种新的气体的产生与所用酸的种类没有关系,与酸的浓度也没有关系。

卡文迪什用排水法收集了新气体,他发现这种气体不能帮助蜡烛的燃烧,也不能帮助动物的呼吸,如果把它和空气混合在一起,一遇火星就会爆炸。卡文迪什经过多次实验终于发现了这种新气体与普通空气混合后发生爆炸的极限。他在论文中写道:如果这种可燃性气体的含量在9.5%以下或65%以上,点火时虽然会燃烧,但不会发出震耳的爆炸声。

随后不久,他测出了这种气体的比重,接着又发现这种气体燃烧后的产物是水。无疑,这种气体就是氢气了。卡文迪什的研究已经比较细致,他只需对外界宣布他发现了氢元素并给它起一个名称就行了。但卡文迪什受了虚假的"燃素说"的欺骗,坚持认为水是一种元素,不承认自己无意中发现了一种新元素。

后来,拉瓦锡听说了这件事,他重复了卡文迪什的实验,认为水不是一种元素,而是氢和氧的化合物。在1787年,他正式提出"氢"是一种元素,因为氢燃烧后的产物是水,便使用拉丁文把它命名为"水的生成者"。

上述氢气的发展历史表明,认识都是在实践(科学实验)中不断向前发展的,同时也有在追寻真理的过程中,与真理擦肩而过,或者对已发现的真理视而不见的,太可惜了!究其原因,我们可以概括为三点。第一,没有科学发现的意识,无心留意新事物。比如,最早发现氢气的瑞士医生。第二,受虚假理论的蒙蔽,放弃了继续研究。如17世纪另一位发现氢气的医生,以及对氢气的研究已经比较细致的卡文迪什,都是因为无法突破虚假的学术理论。第三,真理的最终获得不在于重复做实验,而在于主观世界的改造,真理是主观与客观相符合的哲学范畴,是对事物的本质及其规律的正确认识,最终要在人的主观世界中获得突破,就是对陈规旧俗的突破。在卡文迪什与拉瓦锡之间,你认为哪个人对真理的发现作用更大?如果你认为是前者,那就大错特错了。不可否认,卡文迪什的贡献是巨大的,但是他对氢气的发现并不是像文中所说的那样轻松,"他只需对外界宣布他发现了氢元素并给它起一个名称就行了"。事实上,他不认为他发现了新元素,因为他坚信水是元素,所以,从真理的角度来看,他并没有将认识推向前,他的主观与客观没法相符合。真理是一种主观认识而不是客观事物,你发现了氢气,你只是发现了一个事物,并不代表你的主观世界就与客观世界相符合了。

化学元素发现的突破是在光谱分析方法的发现之后实现的。

生活境界

光谱分析方法的发现

有一次,牛顿把一个房间的窗子严实地遮挡起来,使房间成为暗室。他让一束太阳光射入室内,在光束经过的途中,他放上一块三棱镜,在三棱镜后面,立起了一个白纸屏。他惊奇地看到,太阳光经过三棱镜后,分解成按照赤、橙、黄、绿、青、蓝、紫有序排列的美丽色带!他变换实验方式,结果都是一样的。他在三棱镜后面,又放了一个倒置的三棱镜,结果纸屏上的光又变成了白色。他恍然大悟:原来,太阳光是由从红到紫的不同色光组合而成的啊!牛顿的这一发现,为后来的光谱分析奠定了可靠的基础。

一百多年后,德国南部巴伐利亚州的玻璃制造技师夫琅荷费,因他的专长是制造消色差透镜,颇为天文学家们所器重,他的工作室成了天文学家们经常光顾的地方。1814年,他在太阳光下测试他制出的三棱镜性能时,意外地发现:在阳光分解出的由红到紫的美丽色带上,有许多条暗线。棱镜质量只要稍稍有一点点很小的缺欠,暗线就看不清楚。这就可以理解为什么伟大的英国科学家牛顿没有发现这些暗线了。

早在12年前,科学家沃拉斯顿也曾在太阳光分解后的色谱中发现过7条暗线。夫琅荷费观察到600多条暗线(今天已发现有一万多条),他还注意到,月亮和行星上反射太阳光的色带上,有同样的暗线。

夫琅荷费把几百条暗线的位置一一画了出来,他把其中最亮的8条暗线分别用英文字母标出来。这些暗线叫"夫琅荷费线"。

1854年,本生设计了一种构造很简单的加热用的灯,有可调节的通风口,灯的火焰没有颜色,温度能达到一千多度。本生用顶端装有铂金丝环的玻璃棒,蘸一些金属盐的颗粒,放入本生灯的火焰中,无色的火焰被染上了特有的颜色。本生用各种金属的盐类做实验,他看到不同的金属盐类火焰的颜色分别呈现出:钠盐,亮黄色;钙盐,砖红色;钡盐,绿色;锶盐,紫红色;钾盐,紫色;铜盐,蓝绿色;等等。

可惜的是,火焰分析虽然简便、快捷,但完全靠用眼睛来辨别颜色,区分度大受影响。其在分析化学中的应用,受到很大限制。为此,本生下决心改进火焰分析的缺点,使它成为化学家手中一个强大的分析武器。

这时,本生的好朋友,比本生年龄小13岁的物理学家基尔霍夫,用物理学家特有的职业敏感为本生出主意道:"为什么不让光通过三棱镜试一试呢?"真是话不在多,一语中的!

本生立即决定采用基尔霍夫的建议。说干就干,两人马上着手装置一台仪器来进行实验。很快,基尔霍夫找来一块优质三棱镜、一个旧的简单望远镜及其他一些废旧物品。本生准备所要用的实验物质,将所用物质反复提纯。他们把三棱镜放在一个平台上,前面放了一个开有窄缝的镜筒,使射到三棱镜上的光成为一条狭窄的光束,在三棱镜后面放置那个旧的望远镜,以便通过望远镜的目镜观察本生灯焰所生成的光谱。

这样,人类科学史上第一台"分光镜"就这样组装起来了。

基尔霍夫和本生把分光仪器装置好以后,用一面小镜子把一束太阳光经过窄缝引入分光镜,他们在望远镜的目镜中看到了太阳光从红到紫有序排列的美丽光谱和一条条清晰的暗线,这就是当时谁也弄不懂的神秘的"夫琅荷费线"。他们又用本生灯光代替太阳光,结果目镜中什么也看不见,视场一片黑暗。本生把食盐(氯化钠)用装有铂金丝环的玻璃棒放入到本生灯的火焰中,问守候在分光镜目镜前的基尔霍夫:"你看到了什么?"基尔霍夫兴奋地答道:"在黑色的背景上看到两条明亮的黄线!"本生分别把碳酸钠、硫酸钠、硝酸钠、氢氧化钠等其他含钠的物质放入到本生灯的火焰,基尔霍夫看到了与燃烧氯化钠时完全一样的两条明亮的黄线。

本生心中说不出有多高兴,他凭着科学家的敏感,预感到一个重大的科学发现就在面前!

继续用氯化钾做实验,本生问基尔霍夫:"看到了什么?"

"看到了一条紫线和一条红线,两条谱线之间有如太阳的连续光谱一样连在一起,但没有一条较明亮的黄线。"基尔霍夫答道。

本生继续用碳酸钾、硫酸钾、硝酸钾等其他含钾物质实验,结果都和氯化钾看到的亮线完全一样。

就这样,本生在本生灯上将不同的物质加热,基尔霍夫在自制分光镜的目镜前观察。

经过连续几个星期的紧张实验,他们终于搞清楚了:各种元素自己具有固定的、与其他元素不一样的特有谱线。但对某一种元素来说,谱线的条数、颜色和在谱带上的位置,都是固定不变的。

本生让基尔霍夫以太阳的连续光谱为参考坐标,把每一种元素特有的谱线按照每条谱线的颜色、亮度、位置一一精确地画下来。这样,他们制出了人类科学史上第一张"元素光谱谱线图"。

本生终身未娶,别人问他为什么不娶妻?他说,他没有时间。一个科学家生来就是揭示上帝的奥秘的,是与上帝对话的。在科学发现中科学家所表现出来的那种精神、意志、品质、智慧、情趣,从这篇小文中我们还不能感受到吗?在消费时代,在物欲横流的当今,重读科学发现史,重温科学精神,对我们这个时代显得特别重要。追求真理的精神与追求真理的实践是不可分的。我们说,实践是有目的、有意识的活动,这里的目的、意志,不能简单理解为任务、计划,依我看,萦绕心头的困惑不得其解,不得其解又誓不罢休的精神特别重要。如果实践缺乏了这种精神,那么探索就成了枯燥无味的劳作,反之,如果精神没有了实践,那么精神就成了空中楼阁的浮想。

什么是在实践中不断地追寻真理?我还想讲两点。

首先,要不断地实践。这里涉及至少三个小问题。其一,如何对待前辈的科学实践结果?任何科学发现都是在前人基础上做出的,光谱分析方法的发现涉及的前辈至少有牛顿、沃拉斯顿、夫琅荷费等科学家。没有前辈科学家的努力,本生是无法发现光谱分析方法的。其二,技术的不断累积。前辈科学家的积累实际上是技术和理论的不断积累。牛顿之所以没有发现"暗线",是因为三棱镜的质量不高。其三,科学家团队合作。物理学家基尔霍夫,用物理学家特有的职业敏感为本生所出的主意一语中的。此后,两人的精诚合作,更加验证了科学发现中离不开团队合作。

其次,在实践中不断发现和发展真理,认识和检验真理。第一,笔者以为,发现比发展更为重要。如果本生没有发现金属灼烧的火焰颜色,就不会进一步用太阳光的光谱来分析金属的光谱。没有太阳光光谱暗线的分析,就没有光谱分析法。第二,笔者以为,实践中的检验比认识更根本。所有的认识必须通过实践加以检验才能确证。本生分别把碳酸钠、硫酸钠、硝酸钠、氢氧化钠等其他含钠的物质放入到本生灯的火焰,基尔霍夫看到了与燃烧氯化钠时完全一样的两条明亮的黄线。从而验证了钠的光谱。本生用碳酸钾、硫酸钾、硝酸钾等其他含钾物质实验,结果都和燃烧氯化钾看到的亮线完全一样。从而验证了钾的光谱。

我的哲学小品文

公说公有理，婆说婆有理 VS 仁者见仁，智者见智

什么是真理？真理是主观符合客观的哲学范畴。这里说得很清楚，是主观符合客观，而不是客观符合主观。如果真理是客观符合主观，那么不同的主观认识就有不同的客观实际与之相对应，对同一个事物，一个人有一个认识，N个人就有N个真理。显然，这是主观唯心主义观点，是错误的，因为客观实际是不可能随人的主观认识而改变的，物质具有客观性。对于一个客观事物来说，它有许多属性和许多层面，在无数人对它的认识中，有的可能认识到事物某一个属性，也可能认识到事物的某一个层面，即使他们是正确的，也不能说主观与客观相符合了。只有我们的主观与客观全面的、深刻的（本质上的）相符合时，我们才获得真理。因此，在所有认识中只会有一个正确认识与客观事物完全相符合，所以，真理只有一个，这个与之相符合的认识也就具有了客观性，即这个正确认识并不会因为人们反对、不喜欢而变得不正确。正确的就是正确的，不会因为的主观意志变成谬误，无论你抓住事物的哪个方面都不能驳斥它，因为这种正确认识已经与客观完全符合了，这就是真理的绝对性。真理是不是主观认识？当然是！但是它是唯一与客观实际相符合的正确认识，因而获得了客观性，因此，真理的基本属性不是主观性而是它的客观性。

这样，我们来看"公说公有理，婆说婆有理"。显然，公说的与婆说的不一致，对同一个事物的认识出现了两个不一致的"有理"，这就违背了真理的客观性，即真理只有一个的规定。因此，这句话是错的。但是，为什么我们听起来觉得他们都有道理呢？原因有两个。第一，他们只是对事物现象的认识，现象是变化的、多样的，甚至是相互矛盾的，而真理是对事物本质的认识，不是对现象的认识。比如，《两小儿辩日》中，一个小孩认

为，早晨太阳看起来大，而中午看上去小，因此早晨太阳离我们近，而中午离我们远；另一个小孩认为，早晨凉，而中午热，所以早晨太阳离我们远，而中午离我们近。事实上，从地球的公转轨道看，12月22日地球离太阳最近，而6月22日地球离太阳最远。仅从地球的自转看，早晨太阳倾斜要远于中午的位置，但地球公转的距离差远远大于其自转产生的差距，所以，12月22日至6月22日早晨近而中午远，6月23日至12月21日早晨远而中午近。第二，公婆会按照自己的利益立场，有意无意地对客观实际加以裁剪、拼凑、歪曲，以主观意志对客观实际进行"加工"，这样看上去，主观与客观相符合了，实际上，是让客观来符合主观。

真理具有绝对性，但没有绝对真理，因为，真理总是有条件的、具体的。人类的认识是无限的，我们无限地追求真理，但人的认识能力是有限的，我们对事物的真理性认识只是在一定范围、事物发展的某一阶段的正确认识。比如，日心说是真理，地心说是谬误，真理就是真理，谬误就是谬误，这是真理的绝对性。但是，日心说仅限于日地关系，如果超越了日地关系，真理就变成谬误了。因此，真理也具有相对性，或者说，任何真理都是相对的。尽管真理是相对的，但它是符合某一范围、某一阶段对事物的正确认识，而不能以对事物某一点的正确认识无限放大，以偏概全。所以，真理不等于我们对事物某一点或某一层面的正确认识，否则就与只有一个正确认识相矛盾，真理的绝对性与相对性实际上是统一的。

下面，我们来看"仁者见仁，智者见智"。"仁者见仁，智者见智"并没有说他们见到了真理，不是真理的相对性，而是强调人对事物的认识受到人的知识结构、立场、观点的制约。所以，认识具有反复性，但认识的反复性并不表明人的认识都是错的。比如，一个生物学家、一个化学家、一个物理学家对同一个事物的看法肯定不一样，但并不表明他们的看法是错的。再让一个美学家、社会学家、教育家来谈谈认识，与前面的自然科学家的看法会大相径庭，也不表明他们是错的。因为，事物有多种属性，他们的认识只是反映了事物的某一种属性。但是这些属性不是他们主观臆造的，而是事物本身所固有的。所以，"仁者见仁，智者见智"只是用他们的知识去分析事物所获得的认识，就此而言，这句话是对的。当然，学者的观点即使都是正确的，但也不一定是真理。"仁者见仁，智者见智"不是仁者见仁之真理，智者见智之真理。

"仁者见仁，智者见智"不强调自己拥有真理，所以是正确的；而"公说公有理，婆说婆有理"强调了自己拥有真理，所以是错误的。当然，我们要勇于坚持真理，但对于任何不经过实践、不在实践中进行检验的认识，我们都没有资格说自己发现了真理，包括仁者和智者，当然也包括以发现真理为己任的所有的科学家。让我们来温故一下大科学家牛顿的话："在科学的道路上，我们只是一个在海边玩耍的孩子，偶尔拾到一片美丽的贝壳。至于真理的大海，我还没有发现。"我们要慎用"真理"这一词。尽管所有的真理都是相对的，有时我们对事物的某一层面、某一属性的正确认识也称之为真理，也可以把正确认识作为真理，但我们要看到里面的情感因素，即人们对实践中所取得的阶段性成果的肯定、褒扬，真理需要在实践中不断追寻。用后现代的一句话来说，"没有谁拥有真理，每个人都有说话的权利"。尽管有些偏激，却道出了追求真理的不易和艰辛，任何正确的认识都有进一步探索的余地。

B21
◎ 联系的普遍性、客观性、多样性及其指导意义 ◎

生活经验

荒漠化效应和水分—气候—生态相互作用

荒漠化形成的连锁反应：气候干旱→地表水贫乏→植被稀少→蒸发加强→地面干燥→空气湿度小→降水减少。

荒漠化的人为因素

人口激增对生态环境的压力：人口增长过快→贫困饥荒→过垦过牧→荒漠化加剧→土地生产力下降→贫困饥荒。这是人类活动这一外部因素对自然生态产生的影响。

联系就是事物之间以及事物内部诸要素之间的相互依赖、相互影响、相互制约和相互作用。

生活智慧

英国公投结果出炉，51.9%选民支持脱欧

海外网 2016 年 6 月 24 日电　英国"脱欧"公投投票结果于当地时间 24

日上午 7 点(北京时间 24 日下午 2 点)出炉,公投的最终结果为英国将脱离欧盟,其中支持脱欧的票数 174 107 42,占 51.9%,支持留欧的票数 16 141 241,占 48.1%,支持脱欧的票数以微弱优势战胜留欧票数。

英国"公投脱欧"有着复杂的原因,欧洲经济发展滞缓,还未摆脱欧债危机,尤其是欧洲难民危机等原因都对公投结果产生影响。我们惊异的是这种全民公投的民主政治。事实上,公投结束后,很多英国人要求重新投票,英国首相卡梅伦无奈地表示,尊重英国人民的选择。英国为什么不用代议制,让政治精英们做出抉择?如果你了解西方的民主政治与希腊城邦的民主制度就不足为怪了。民主国家是古希腊的发明。希腊人发明的政府是以所有公民共同讨论、少数服从多数的投票表决方式进行决策的。这是直接式的民主,所有公民齐聚一堂,进行辩论决定政策。希腊的民主制度源自军队。雅典没有全职的军队,所有的军人都是兼职的。这些平日为民、战时为军的公民集合后,听取统领的行军命令,是为民主集会的滥觞。国王将土地分发给自己的士兵,而这些下属必须提供国王打仗所需战斗力作为回报。国王高度依赖拥有土地的重要臣民,封建制度下的君主势必处于弱势地位。由于立足点薄弱,封建制度的君主必须征询国内权势的建言。他们没有一支自己能够全权控制的军队,也没有常态的征税制度或行政部门。君主若要增加开支就需要召集国会。

用联系的观点看西方民主政体,就具有历史纵深感。

捕鼠器的故事

一只老鼠透过墙壁上的洞,看见农夫正在摆弄一个捕鼠器,急忙跑到农场的院子里发布警报。但院子里的鸡、猪、牛等动物均一笑置之,认为与己无关。当天晚上一条毒蛇被捕鼠器夹住了,农夫的妻子赶来查看时不小心被毒蛇咬伤了。为给住院的妻子补身子,农夫把鸡杀了。邻居和朋友听说了此事,纷纷轮流照顾农夫的妻子,为了款待他们,农夫又把猪杀了。后来,妻子毒性发作不治而死,许多人前来参加葬礼,于是农夫又杀了牛款待。一个小小的捕鼠器竟累得鸡、猪、牛等动物失去了生命。

联系是有条件的,联系的普遍性并不是指任何两个事物都存在联系。捕鼠器与鼠之间的联系也不是绝对的,究竟是哪一只老鼠在什么时间与这个捕鼠器发生相互作用都是具体的、有条件的。在条件具备的情况下,似乎与捕鼠器没有联系的鸡、猪、牛等动物也会间接地与捕鼠器发生联系。具体联系如下:捕鼠器——夹住了毒蛇——咬伤农夫的妻子——给妻子补身子,农夫把鸡杀了——款待邻居,把猪杀了——举行葬礼,把牛杀了。离开了具体的情况,任何联系都是不存在的。

漫画

你是如何看待漫画中的"联系"的?

高考成功者与失败者

喜鹊报喜,乌鸦报丧?

将自己高考的成功或失败归结为文曲星神的关系,这是主观臆造的联系,否定自己所做的客观努力,否定了联系的客观性。同样,"喜鹊报喜,乌鸦报丧"也是主观臆造的联系,如果果真是"喜鹊报喜,乌鸦报丧",那么喜鹊、乌鸦岂不是神鸟?全国人民养喜鹊,灭乌鸦。再说,喜与丧是对立统一的,你的喜事可能是仇人的丧事,你的丧事可能是仇人的喜事。你与你的仇人同时听到喜鹊叫,又作何解释呢?

西气东输工程

人为事物的联系是不是主观的?人为事物的联系关键在于"为","为"就是有所作为,有所实践,所以说,人为事物的联系是实践的产物,当然具有客观性。以我国的西气东输为例,我国能源生产和消费的地区差异大,西气东输有利于资源的跨区域调配。这些联系是不可以否认的,它是客观现实。

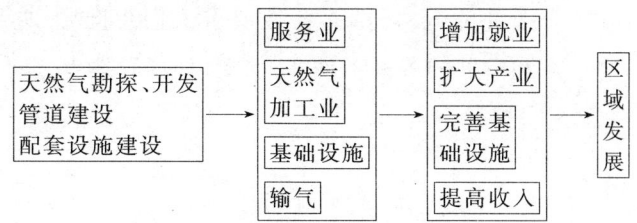

西气东输对西部地区发展的影响

生活境界

联系的多样性

据有关材料显示，一节一号电池烂在地里，能使1平方米的土壤失去耕种价值；一粒纽扣电池可以使600吨水受到污染，而这600吨水相当于一个人一生的饮水量。若将废旧电池混入生活垃圾一起填埋，或者随手丢弃，渗出的汞等重金属物质就会渗进土壤，污染地下水，进而影响到和人类息息相关的动物和植物，破坏人类的生存环境，并最终危及人类的健康。

材料中有什么形式的联系？

一节电池扔到地里与土壤发生联系，扔到水里与水发生联系；被污染的土壤或水又与生长其中的动植物发生联系；人类吃了受污染的动植物会危及健康。

同一个事物在不同情况下所产生的联系是不一样的，不能把事物之间的联系"固定死"，认为，甲事物与乙事物一定存在"这样的"联系，这就犯了形而上学的错误。一个人在学校与学生是师生关系，与同事是工作关系；在家庭与妻子是夫妻关系，与儿子是父子关系；社会交往中，有朋友关系。在家庭中，即使是母女关系其内容也不是固定的，有的母慈子孝，有的子女忤逆。

漫画《始料不及》

漫画中的老鼠一开始与瓶口并没有发生联系。后来，怎么会发生联系的？当空腹的老鼠吃饱了，肚皮吃得滚瓜溜圆的时候，此时，它的肚皮与瓶口发生联系了。所以

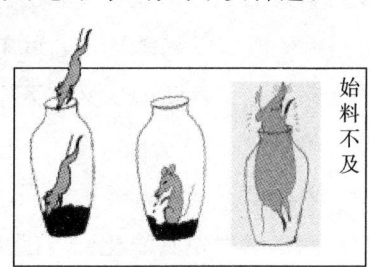

始料不及

说,联系是具体的、有条件的,联系的多样性要求人们想问题、办事情时注意分析和把握事物存在和发展的各种条件,一切要以时间、地点、条件为转移。

我的哲学小品文

自然生机PK人类垃圾

　　休谟早就发现,自然是"是",人类遵循"应该"。 自然不多一分也不会少一分,一切生机勃勃,没有死亡,没有多余,因为死亡或多余很快转化为生命。 自然就是自然而然,从生物种群最丰富的雨林,到生物物种贫瘠的极地,也是不多一分不少一分,生态循环,生物数量刚好与环境相适应。没有多余的尸体腐烂(能量)被遗弃在生态循环之外,被自然所遗忘,也不会出现因没有食物而等待死亡的多余生命,一切都在动态循环之中。 我们看到的是生机勃勃的转化,即使是死亡也是瞬间的能量转化,没有生机的病弱躯体转化为强大生命体的能量,强大的也会走向衰弱,最终也会成为其他生命体的能量,根本不用担心它的躯体会成为垃圾,会出现很长时间无人问津的状况。 生态循环圈无论大小、复杂或简单,都会形成一个封闭的圈,没有一个生物遗弃在生态圈之外。 自然为什么如此精巧? 很简单,自然没有贪欲,一定数量的植物养育一定数量的食草动物,食草动物又能维持一定数量的食肉动物,食肉动物也为更高一级的动物提供食物,处于顶端的生物就没有天敌的存在吗? 肯定不是。 食肉动物之间或者生物之间又有小循环,狮子既可以猎杀羚羊,羚羊也可以逃走饿死狮子,死亡的狮子给食腐动物带来能量,食腐动物又会死于自然的威力,如非洲野狗死于洪水,成为草原的养分。

　　人类则不同,人类有意识,能造出自然界无法演化出来的东西,因为这些东西自然界无法演化,也就无法回到自然,成为多余的垃圾。 当然,纸张垃圾与塑料垃圾是不同的，纸张是人类通过物理方法制造的与自然物还不算远，是可以循环利用的，也可以腐烂成稻草灰一样的物质。 塑料则是化学处理的，很难降解。 塑料袋最终只能通过焚烧，大致等于从石油提炼出来的化纤一样，回归自然也只能焚烧，如同石油燃烧一样。 按理说，通过怎样的科学途径生产的产品，也可以通过逆向线路回到自然，像自然物一样做到循环利用。 但人类只有进取心，无暇顾及生产出来的产品如何融入生生不息的大自然中。 人类研制一个产品会不惜一切，高端人群夜以继日，人类奖赏进取、创新，而回收垃圾是低端人群的工作。 过去一个农民家庭两三年的余粮钱才能买到一台 14 寸的熊猫黑白电视机，也就是说，农民要花费两三年的余粮钱来奖赏科技工作者。 而如今一台彩色电视机当垃圾卖只有 5 块钱，表明彩色电视机只能当成垃圾被抛弃，造成大量的电子垃圾。 过去大哥大两三万一台，现在的电子垃圾家里一大堆，哪一个家庭没有三四个旧手机。 随着人类技术的普及，生产一个新的电子产品，其劳动量要少于处理一个旧垃圾的劳动量，哪个企业愿意处理垃圾，即使垃圾分类这样简单而重要的事情也少有关注。 于是，大量的汽车垃圾、电子垃圾、太空垃圾开始堆积。 经济利润驱使人类不断创新，人的理性也在激励人类不断创新，这是人类技术理性的应该，但道德理性的应该呢？ 我们既要怀念康德对人类道德理性的赞美，也不要忘了庄子摆脱人生垃圾的逍遥。

B22
整体与部分的辩证关系及其指导意义

生活经验

坐井观天、盲人摸象犯了什么错误？

以局部代替整体，一叶障目不见泰山。数量上看整体是"一"，一头大象；一片蓝天。部分是"多"，一片蓝天飘着许多白云；大象由两个大耳朵、四条腿、一条长鼻子、两根象牙、一条长尾巴等多个部分组成。那么，整体与部分是怎样的关系呢？我们以手表为例作简要分析。

一块手表有哪些部件构成？这些手表零件与手表的关系是怎样的？

（1）怎样的钟表是好的？怎样的钟表是坏的？

答：走时准确的钟表是好的。

（2）某一个零件有没有计时的功能？

答：没有。整体具有部分所不具备的功能。

（3）零件的好坏以什么为标准？有何方法论启示？

答:部分服从、服务于整体。树立全局意识,寻求最优目标。

(4) 表带坏了与表芯坏了对钟表的功能影响有何不同?你还能举出一些事例吗?给我们怎样的哲学启示?

答:关键部分的功能及其变化对整体功能起决定作用。

茶杯的关键是杯身,不是杯盖;笔袋的关键部分是插袋,不是拉链。重视部分的作用,用局部的发展推动整体的发展。

生活智慧

黄荃改画

五代著名画家黄荃曾奉皇帝之命,改吴道子的"钟馗捉鬼图",皇帝要求他把原画中钟馗用食指挖鬼眼改成用拇指。黄荃研究数日后无法下笔,最后把原画送还皇帝。

表面上看,将食指改为拇指只是局部的改动,但钟馗所用食指挖小鬼的眼睛聚集了全身的力量,食指动作与全身姿态相协调。如果改用拇指,则手臂的动作要改动,上身的姿态要改动,乃至脚的步态也会发生变化,这叫"牵一发而动全身"。在整体与部分的关系中,说明整体居于主导地位,整体统帅着部分,部分处于被支配地位。

美人之手

燕国太子丹百般讨好荆轲,为的是要荆轲去刺杀秦王,在临行前的宴会上,太子丹特意叫来一个能琴善乐的美女为荆轲弹琴助兴。荆轲听着悦耳的琴声,看着美人那双纤细、白嫩、灵巧的手,连连称赞:"好手!好手!"并一再表示:"但爱其手。"听着荆轲的称赞,太子丹立即命令人将美人之手斩断,放在盘子里,送给荆轲。荆轲看到血淋淋的手再也爱不起来了。

荆轲是"叶公好龙"吗?他是不是真心爱美人之手?为什么前面一再表示"但爱其手",真正给他双手的时候又不爱了呢?其实,荆轲是真爱其手,只不过前者是一双灵动的手,后者是一双"死手"。因为双手已从美人身体中分离开来了,血脉已断,手指一动不动,斩断的手不再是人的手了,也不具备人手的美丽与灵动了。用哲学语言来表达就是：部分是整体中的部分，离开了整体，部分就不成其为部分了。

巴尔扎克的手臂

巴尔扎克是法国大文学家，罗丹打算雕刻巴尔扎克雕像。罗丹雕好了雕像，让学生们欣赏。三名学生依次欣赏后，都对雕像的双手的表现效果给予极高评价。罗丹大怒，对学生说，这双手已经具有独立的生命，不属于雕像的整体了，有它只能破坏全局效果，必须去掉。于是砍下雕像双手。

部分有没有独立的价值和功能？没有。如果部分有其独立价值和功能，则部分就会游离于整体，不再是整体中的部分了。因为衡量部分的好与坏并不是部分如何尽善尽美，而是最大程度地为整体服务，凸显整体功能。巴尔扎克作为一代文豪，其雕像理应表现出巴尔扎克的精神气质、人格风貌，而不是呈现精致的双手。"砍下雕像双手"是搞好局部？还是毁坏局部？当然是搞好局部。砍下双手后，巴尔扎克的精神风貌凸显出来了。用哲学语言来表达就是：重视部分的作用，用局部的发展推动整体的发展。

生活境界

屠呦呦：从三无教授到诺奖得主

1967年，一个由全国60多家科研单位，近500多名科研人员组成的科研集体，悄悄开始了一项特殊的使命，代号"523"，志在帮助北越政府"打击美帝"，研究的指向——防治疟疾新药，因为在1960年的东南亚战场上，疟原虫已经对奎宁类药物产生了抗性。

相比庞大的"523项目"，屠呦呦的名字却从来不为人所知。即使青蒿素的研究获得国家发明二等奖，并且在中国香港和泰国都获了奖，也鲜少有人探究，这些"集体荣誉"的背后，研究人员的个人努力。

终于，被誉为诺奖风向标的拉斯克医学奖评选将屠呦呦的名字第一次推向了幕前，也戏剧性地像为诺奖预演一样，让这位年迈的科学家一朝处于荣誉的非议之中。在拉斯克奖评审委员会的描述里，屠呦呦是一个靠"洞察力、视野和顽强的信念"发现了青蒿素的中国女人。而国人却发现了这位被世界认可的卓越女科学家既没有博士学位、留学经历,也不是两院院士,只是中医研究院中药研究所一名普通的研究员。于是,一些针对"三无教授"的非议和争论接踵而至。

《科学》杂志的网络报道称:"拉斯克奖重新点燃一个争议:是否应该把研发出强有力的抗疟药物——这个'文化大革命'期间政府一个大规模项目的成果——归功于一个人。"

普遍的观点是,现在已经无从证明屠呦呦是发现青蒿素的主要贡献者。由原全国"523"领导小组办公室副主任张剑方主持编写的《迟到的报告》一书中强调:"青蒿素的研制成功,是我国科技工作者集体的荣誉,六家发明单位各有各的发明创造。但可以断言,从传统医药中,用现代的科技手段研制成功一种新结构类型的新药,发明证书上的六个单位中,无论是哪一个单位,以当时的人才、设备、资金、理论知识和技术,哪一家都不可能独立完成。"

针对这一争议,拉斯克医学奖给出了解释,屠呦呦是第一个把青蒿素引入"523"项目组,第一个提到100％活性,第一个做临床实验,这三点中的任何一点都足够支撑她得这个奖。可见这个奖项注重科学发现的思维,而不在乎是谁做的。

曾任北京大学生命科学学院院长的饶毅在《中药的科学研究丰碑》的文章中给出了比较中肯的观点:"虽然对于青蒿素的归属问题争议不断,但有三点毋庸置疑:首先,屠呦呦提出用乙醚提取,对于发现青蒿的抗疟作用和进一步研究青蒿都很关键;其次,具体分离纯化青蒿素的钟裕容,是屠呦呦研究小组的成员;此外,其他提取到青蒿素的小组是在会议上得知屠呦呦小组发现青蒿粗提物高效抗疟作用以后进行的,获得纯化分子也晚于钟裕容。"

四年后,并不认可集体成就的诺贝尔奖,再次把奖项颁给了在青蒿素研究中发挥决定性作用的个人。

"毕竟,个体才能作出发现,而不是组织。在组织和机构变得愈发重要和有权力的时代,从中辨识出真正具有创造力并改变了世界的个体也变得愈发重要。"诺贝尔生理学或医学奖组委会秘书格兰·汉森(Goran K.

Hansson)说。

　　这段文字是笔者删减、编辑过的网络资料,资料中比较强调个体的作用。我想用整体与部分的辩证关系分析,也来谈谈在屠呦呦获诺奖这件荣耀的事件的背后,整体的决定性作用是怎样的,写成了哲学小品文《科学团队与个人价值》。

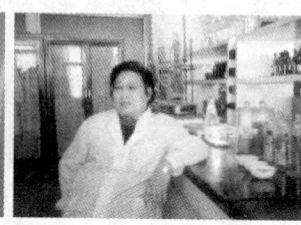

我的哲学小品文

科学团队与个人价值

　　"三无"科学家屠呦呦获诺贝尔奖,引发一轮对现有中国院士制度的"冷嘲热讽"。 你可能为屠呦呦鸣不平,上帝总是公平的,回到"文革"时期,你会发现屠呦呦的幸运。 由于处于"文革"时期,部分资深科研人员只能"靠边站",1969年,当时还是初级研究员的屠呦呦就被任命为"523项目"研究组的组长。 而那些资深研究员,没有岗位,没有经费,没有研究的自由。 命运垂青于她,历史赋予她使命。 研究防治疟疾新药作为国家任务、时代使命落在了她的身上,人的价值一下子上升到历史层面。 她的工作在向着科学的前沿迈进,她必须从古代医书中寻求蛛丝马迹,开创新的未知领域。 可以想象,只要在"523项目"组总会有人研制出新药,获奖是迟早的事。 如果我们的研究项目,只是自己爱好的、想象出来的,社会对我们的研究课题并不迫切需要,没有非常大的期望、压力和支持,我们无法走向历史的高度，稍有工作上的困难、生活安逸的诱惑，随时会使我们放弃缺乏历史使命感的项目，我们是走不远的。"拉斯克奖重新点燃一个争议：是否应该把研发出强有力的抗疟药物——这个'文化大革命'期间政府一个大规模项目的成果——归功于一个人。"对这个争议，我们应该能够理解。你抓住历史机遇，与社会发展、国家民族命运相合拍，一个人的历史价值和意义就确定了一半，另一半只是像平常人一样拼命工作，发挥你的智慧而已。 能做到这些，你就是历史的宠儿，而平常人无论怎样拼命还是平常人。 每个人都可以成为金子，关键问题是你所从事的工作需要不需要金子。 反过来，你自认为是一块金子，或者你想成为一块金子，你必须到需要金子的工作单位才有可能。 如果你是一块金子，你在钟表里不及不锈钢的作用，你在奢侈品的柜台里才熠熠生辉。 整体处于支配地位，起主导作用，整体功能决定了部分该发挥什么作用。

其实，当一个人走进一个工作团队，你工作的意义和价值的方向就确定下来了，这就是社会的力量。 先哲孔子早就说过，名不正，言不顺。 昨天，看电视节目——"挑战不可能"，外国一位拉小提琴的学杂技，结果可想而知。 社会的分工、学科的分类是有依据的，一个人从事什么样的工作，钻研哪门学科，该领域发展的前沿怎样，都是客观存在，接着就看社会的需要了。

B23 发展的实质

生活经验

第三方支付

在现实的有形市场,异步交换权且可以附加信用保障或法律支持来进行,而在虚拟的无形市场,交易双方互不认识,不知根底,故此,支付问题曾经成为电子商务发展的瓶颈之一。卖家不愿先发货,怕货发出后不能收回货款;买家不愿先支付,担心支付后拿不到商品或商品质量得不到保证。博弈的结果是双方都不愿意先冒险,网上购物无法进行。

为迎合同步交换的市场需求,第三方支付应运而生。第三方是买卖双方在缺乏信用保障或法律支持的情况下的资金支付"中间平台",买方将货款付给买卖双方之外的第三方,第三方提供安全交易服务,其运作实质是在收、付款人之间设立中间过渡账户,使汇转款项实现可控性停顿,只有双方意见达成一致才能决定资金去向。第三方担当中介保管及监督的职能,并不承担什么风险,所以确切地说,这是一种支付托管行为,通过支付托管实现支付保证。

支付宝(中国)网络技术有限公司是国内领先的独立第三方支付平台,是由阿里巴巴集团 CEO 马云先生在 2004 年 12 月创立的第三方支付平台,是阿里巴巴集团的关联公司。支付宝致力于为中国电子商务提供"简单、安全、快速"的在线支付解决方案。

从物物交换到支付宝支付是发展吗？

怎么看待发展？最重要的在于一个"新"字。发展是事物的前进和上升，是新事物代替旧事物的过程。事物的变化发展意味着出现了前所未有的情况，于是产生了用原有方法解决不了的新问题，新问题的解决必须汲取适应时代发展要求的积极的、合理的因素，容纳旧事物所不能容纳的新内容。比如，偶然的物物交换就不存在买卖时空分离的问题，双方交换商品得到各自所需的物品再简单不过了。但是，随着商品种类的增多，物物交换出现了困难，人们发现有些商品普遍受欢迎，能同一切商品进行交换，于是产生了一般等价物，一般等价物的出现解决了商品种类增多、物物交换困难的问题，所以，一般等价物是新事物，是发展。有的一般等价物不易携带、不易储藏、不易分割，价值小，由此若将一般等价物固定在金银上，就能解决这些问题，于是出现了货币，所以货币是对一般等价物的发展。货币易磨损，导致价值流失，由此产生了纸币，再后来的信用卡、外汇等都是针对社会发展所带来的新问题的解决方案。同样，互联网时代的到来，支付问题曾经成为电子商务发展的瓶颈之一，为迎合同步交换的市场需求，第三方支付应运而生。所以，第三方支付是新事物，它符合客观规律、具有强大生命力和远大前途。

生活智慧

《物种起源·绪论》摘要

全世界所有生物之间的生存斗争，这是它们依照几何级数高度增值的不可避免的结果。这就是马尔萨斯(Malthus)学说在整个动物界和植物界的应用。每一物种所产生的个体，远远超过其可能生存的个体，因而便反复引起生存斗争，于是任何生物所发生的变异，无论多么微小，只要在复杂而时常变化的生活条件下以任何方式有利于自身，就会有较好的生存机会，这样便被自然选择了。根据强有力的遗传原理，任何被选择下来的变种都会有繁殖其变异了的新类型的倾向。

自然选择怎样几乎不可避免地致使改进较少的生物大量绝灭,并且引起我所谓的"性状分歧"(Divergence of Churacter)。我毫无疑虑地认为,许多博物学家直到最近还保持着的和我以前所保持过的观点——即每一物种都是独立被创造出来的观点——是错误的。我完全相信,物种不是不变的,那些所谓同属的物种都是另一个普通已经绝灭的物种的直系后裔,正如任何一个物种的世所公认的变种乃是那个物种的后裔一样,而且,我还相信自然选择是变异的最重要的,虽然不是唯一的途径。

为什么说自然界是发展变化的?物种所谓的高级还是低级,实际上看它是否更能适应环境的变化。我们之所以认为恒温动物比冷血动物高级,是因为恒温动物能更好地适应环境的变化,冷血动物在环境不适应的情况下就不能活动了,它们一般都会冬眠。能适应自然选择的物种就会发展,不能适应自然选择的物种就被淘汰。

人类基因组计划

人类的遗传物质就是DNA,它的总和就是人类基因组,由大约30亿碱基对组成,分布在细胞核的23对染色体中。"人类基因组计划"的核心,就是测定人类基因组的全部DNA序列,30亿是个天文数字,这个计划也可以说是解读生命天书的计划。参与这项计划的有美国、英国、日本、中国、德国、法国一流的科学家。

人类基因组"工作草图"像一个很大的"太空站",6国16个中心制造的"太空船"要准确无误地全部对接,少一个区域,这个工作草图就不能说完成了。从这个意义上讲,中国尽管只占1%,其贡献和水平就不能用百分比来衡量。现在我国的基因测序能力已进入世界四强之列,我们的基因研究中心已成为国际第七大基因研究中心。下一步,我们要完成全序列终图,继续测序,提高准确率,并使数据对人类基因组的覆盖率从目前的97%提高到100%。

人的认识也是发展的。从《物种起源》到"人类基因组计划",人类对生命、对自身的认识不断深化、不断发展。

生活境界

传统媒体的垂死挣扎

从2012年开始,以报业为代表的传统媒体奔赴关张和重组的滑坡,"自负盈亏尚不可得"是主要原因。有消息称,被誉为"媒体金主"的广告大户企业联想,2012年就将传统媒体上的广告投放预算砍到1个亿,2013年则进一步缩减到4 000万,使饮水思源的传统媒体大为恐慌。2014年刚到,《南都娱乐周刊》总编辑陈朝华也在微博上透露,中国家电巨头海尔发函宣称将停止投放杂志硬广。

海尔终止杂志硬广投放,正是因为海尔集团CEO张瑞敏站在上层的计划,很多媒体人再去回忆他在2014年互联网创新大会上的发言——"现在是移动互联网时代,和PC互联网不一样。消费者不是'去购物',而是'在购物'。所谓'去购物',就是我到商场去了;但现在是我'在购物',我在车上可以购物,在家里也可以购物,吃饭可以购物,随时都可以购物"。

当传统媒体还需要依靠问卷调查来获取订户的资料、偏好等信息时,以互联网为首的新媒体已经通过技术革命成功打通了从流量到用户的生态链,效果可测量、反馈可追踪、互动可沉淀等新媒体投放的独占优势带来了此消彼长的结果。

换句话说,与其将品牌或产品形象留在过眼即忘的杂志彩页上,不如拿到观测角度更为上乘的网络空间,在扩大"信息库存量"的同时,识别和捕捉潜在的消费用户——小米就是这么做的。

传统媒体的衰落本质上是其在所处领域影响力的下降,它正在失去信息、真相、观点和信任源头的地位。有人认为:"这一方面与它在内容领域投入收紧和质量下降有关,最近几年昔日主流市场化报刊核心人才的流失殆尽就是例证。"不错,核心人才的流失、报刊质量的下降是导致其衰落的原因,但是,我们再深入思考一下,为什么人才会流失?为什么报刊质量会下降?根本还在于它的传播方式不再适应社会发展了。试想一下,即使一个天才记者,能写出有分量的新闻稿,但是新闻稿要通过印刷、装订、发行等工序才能与读者见面,与网络相比,太迟了。电视可以同步直播,但人们不可能把电视背在身上。广播也可以即时播送新闻,但是广播是在固定时段播出的时候人们才能收听到,重要新闻即使是滚动播送,也不及在随身携带的手机上轻轻一点来得轻松。

我的哲学小品文

敬畏年轻

我没想到,网上下载的课件中的一幅图片放映出来时会引起一阵骚乱。有一次讲发展观,根据教材中的事例出现了吕蒙的图片,学生一下子就骚动起来,原来这是他们玩的游戏里的形象。他们兴奋的样子是我始料未及的,还有一些动漫在 ppt 中出现也有同样的效应。学生的世界和我们不一样。课件是年轻人做的,年轻人包括年轻的学生让我敬畏。

传统的知识接受需要大量的时间,需要持之以恒的学习。据我观察,学生几乎不需要学习就能打游戏,我们在一款游戏面前不知所措,他们却很快学会,打得天翻地覆。一款新手机,从没有看见他们拿着厚厚的说明书翻看学习,他们一般会直接用手指"捣鼓捣鼓",一般功能都能被他们捣鼓出来。我们面对新手机,连下载一个软件都不会,面对屏幕上各种图标,我们不知点哪儿,手足无措,胡乱一通乱点,最终以失败而告终。

与高中生相比,我不能像他们那样较好地融入网络;气人的是,小学生都比我这个博士厉害。他们上网玩游戏,手机也能玩得不亦乐乎。你不能用"无知者无畏"来说明,他们在心理上就对这些新生事物有一种亲近感,而不是我们的陌生感,他们从来不怕新生事物,甚至十分向往。我无法解释,所以心生敬畏。

这与专业知识无关。我见过许多计算机专业毕业的学生，有的与我一样，一个小小的问题，如上不了网，他们点了许多窗口输入了许多指令也不能解决，你换一个小年轻，三下五除二，不一会儿，轻松解决。

　　这与接触的时间长短无关。在我国，计算机进入家庭也只是近十几年的事，十几年我们也没有脱离学习，从 word 到 excel，培训考试瞎折腾一番，考试虽然通过了，但你对计算机，尤其网络，就是陌生。手机原来只有通话功能，我们还可以轻松地使用，但连上网络，开发了许多功能，我们就不行了，这只是近几年的事。

　　这与兴趣无关。年轻人兴趣迥异，但只要是年轻人，都是低头族。即使为了学业摒弃手机的，只要有机会，手机一上手，玩起来从不陌生。如果你不是年轻人，即使你有大量时间，无聊透顶，也不会用手机打发时间，要么看电视，要么打麻将，再好玩的游戏也不会玩。

　　有一种解释可能有点道理，那就是记忆力。小孩随意摸索的图标功能他会记住，而成人往往容易忘记。

A24
◎ 事物发展的前途是光明的,道路是曲折的 ◎

生活经验

冬天已经来了,春天还会远吗?

这句话出自英国著名浪漫主义诗人雪莱的《西风颂》。

当寒冷的冬天来临时,寒风瑟瑟,万物凋零,给人萧瑟之感。但不要忘了,在冬天之后,就是春天的降临,到那时,阳光明媚,草长莺飞,万物复苏,生机勃勃。尽管诗句有着强烈的浪漫主义色彩,但人们坚信,冬天之后一定是烂漫的春天。为什么?

冬去春来是符合自然规律的。由于万有引力,地球围绕太阳公转,太阳的直射点会从南回归线逐渐移向赤道,气温逐步回暖。但这并不表明气温会一天比一天高,由于冷暖气流反反复复的推移,有时冷气流异常强大,甚至会出现倒春寒现象。倒春寒只是暂时的,不会持续长久。因为大趋势是暖气流逐步强大,最终战胜冷气流。

资本主义民主一定会战胜封建专制吗?

封建专制与封建土地所有制相适应,也就是说,封建专制维护的是封建制生产关系,封建制生产关系决定了封建专制政体。同样,资本主义民主维护的是资本主义生产关系,资本主义生产关系决定了资本主义的民主政体。资本主义的机器大工业生产取代了封建的手工作坊,特别是工业革命后,资本主义生产关系最终确立,资本主义的民主政体必然取代封建专制政体。为什么会出现张勋复辟、袁世凯复辟呢?因为我国资产阶级力量很弱小,以致我国的民主革命都不能依靠资产阶级完成,历史的使命落在了无产阶级的身上,所以我国的民主革命有着崭新的领导阶级,故称新民主主义革命。尽管艰难曲折,但民主进程无法阻挡。

从两极格局到多极化趋势

"冷战"之后,两极格局瓦解,使得原有的次要矛盾,如民族、种族、宗教、领土等矛盾上升到显著地位,因此,各类冲突不断。加之美国企图独霸世界的单极主张,使得其不断插手地区争端,导致区域性、小规模的冲突不断上演,甚至带来了威胁全人类的恐怖主义活动。在美国凭借其唯一超级大国的地位企图建立单极世界的同时,更多国家希望推进多极化趋势,于是,世界格局出现"一超多强"的局面。随着欧洲一体化进程的加速,日本跻身政治大国的努力,俄罗斯军事力量的强大和经济实力的增强,中国综合国力的日益强大,世界格局日益出现多极化的趋势。

从事物的复杂性上看,两极格局的国际关系是相对简单的,而多极化的国际关系,其复杂性要远大于两极格局。世界格局的多极化带来国际关系由简单走向复杂,国家间的关系也日益复杂,各种关系的相互牵制有利于世界的和平与发展,从哲学上看,这也是事物发展的高级状态取代低级状态的必然结果。

生活智慧

国家加快电动汽车充电基础设施建设

你认为,新能源汽车能代替传统汽车吗?从事物发展的趋向性上看,新能源汽车一定会代替传统汽车,因为新能源汽车具有传统汽车所不具备的优越性,比如,没有汽车尾气所造成的大气污染,而传统汽车高能耗、高污染,不利于社会的可持续发展。但是代替过程并不是一帆风顺的,因为新能源汽车自身还不完善,配套设施也不完善,人们的环保意识还没有达到要摒弃传统汽车的程度,因此,新能源汽车取代传统汽车还有一段艰难的历程。

为什么煤炭、钢铁等传统产业持续低迷?

煤炭、钢铁等传统产业持续低迷,淘汰过剩产能压力较大。我们已经进入经济转型的核心阶段,传统行业的衰落是一个必然的结果,信息行业的增强也是必然的结果。在经济结构调整的大背景下,信息技术、文化传媒、节能环保等新兴产业的盈利能力会保持较高水平。

为什么网络媒体能取代传统媒体? 网络媒体的发展是否一帆风顺?

网络媒体以其自身的传播优势不可避免地对传统媒体造成了巨大的冲击。网络将世界连成一体,使其真正成为一个地球村。面对屏幕,整个世界如同搬进了你的家,没有距离感,突破了时空限制,你可以从全球网站获取发生在地球任何一个角落的信息。如果你现在想知道一则美国网站新闻,只需几秒钟就能获得。网络媒体让你想知道什么就知道什么,想什么时候知道就什么时候知道;而传统媒体则是让你知道什么,你才能知道什么,让你什么时候知道,你才能什么时候知道。这种差别是显然的,它将大大削弱人们对传统媒体的依赖,而使受众纷纷投向网络的怀抱。往往一件事情发生不到两分钟,相关信息即会在网上出现,网络媒体可以做到实时传播、同步传播、连续传播。网络媒体突破了时空观念和媒体限制,表现出极大的开放性。网络中每一个成员都可以平等地共享网上信息,在世界任何地方,只要有计算机,只要与互联网接通,就可以获取发生在世界任何一个地方的信息。

但是,网络媒体也有其缺陷,主要表现为三个方面:第一,缺乏严谨性;第二,缺乏深刻性;第三,缺乏权威感。网上阅读总给人一种漂浮虚拟的感觉,没有纸质文本的厚实感。人们可以对纸质文本进行深度阅读,特别是学术期刊,给人们的思考提供了纸质的载体。所以,对某些纸质媒体来说,特别是纸质的学术期刊,仍然有其生命力。

生活境界

新兴行业势不可挡

快递员作为新职业已正式纳入我国新修订的 2015 版《中华人民共和国职业分类大典》。在这些新兴行业势不可挡地卷入潜力无穷的市场中时，一些传统行业却正在逐渐退出日新月异的中国市场。对于这种变化，依然对这些传统行业寄予希望的人们难免会产生彷徨与挣扎。20 世纪，钟表修理店、照相馆、裁缝店到处都是，现在难觅踪迹。过去，缝纫这个行业十分普遍，人们经常到缝纫店定做整套衣服。但是现在，人们很少再定做衣服了，网店的服装样式非常齐全，人们有更多的选择。手机的拍照功能让人人都有可能变为摄影师、艺术家。过去所谓的好照片大概是构图正确、面带微笑、姿势端正，现在的自拍往往更流行做出鬼脸，拍半边脸，总之，越丑越好。为什么呢？因为获得漂亮的照片太容易了，手机可以美颜，可以进行艺术加工，审美疲劳了。相反，"文化经纪人""光伏组件制造工""动车组制修师""基金发行员""网络信息安全管理员"等职业因为市场需求旺盛、入职门槛高而成为择业时的"香饽饽"。"计算机操作员""程序设计员""软件测试工程师"等岗位则由于科技进步应运而生。

C25
◎ 量变与质变的辩证关系及其指导意义 ◎

生活经验

冰冻三尺非一日之寒

我有一个问题：9月23日秋分，3月21日春分，这两天太阳的直射点都在赤道上，地球接受太阳的能量是一样的，但9月23日我们感觉气温比较高，而3月21日感觉比较寒冷，这是为什么？

你搞明白了吗？如果孤立地看这两天的气温就会出现这样的悖论，但是事物的发展是一个过程，地球是从漫长的夏天转到9月23日的，经历了六月、七月、八月、九月的炎炎夏日，高温都聚集在地表下，所以，9月23日还是很热的，我们不能把9月23日从整个过程中孤立出来。同样的，3月21日春分，地球是从寒冷的冬天转过来的，冬日的严寒都聚集在地表下，尽管气温回升，但人体还是感到寒冷。

液态水加热变气态水

水的物理性质由液态到气态的变化，表明事物发生了质变，但这种质变不是突如其来的、凭空发生的，而是经历不断地加热，水的温度不断地上升，最终达到沸点的。由此，我们可以概括出量变与质变的辩证关系。

事物发展总是从量变开始的,量变是质变的必要准备,质变是量变的必然结果。

然而,事物的质变对量变也具有重要意义,一个高中生从高一到高二、高三,不断地积累知识,但他在参加高考之前,在学历上他还是高中生,只有参加高考,自己变为大学生后,才有大一、大二、大三、大四的新的量变。所以说,质变为新的量变开辟道路,使事物在新质的基础上开始新的量变。

生活智慧

一位马拉松赛世界冠军的秘诀

一位马拉松赛世界冠军在谈到夺取冠军的经验时说,自己事先考察了马拉松赛的全部路程,并用沿途有特征的建筑作标志把全程分为几段,一个建筑就是自己的一个目标、一段路途的完成,就是一个希望的实现。这样,漫长的马拉松赛全程就变成了实现他的一个个希望的愉快之旅。

这个事例给我们生活智慧,我们可以将一个漫长的过程分为几个阶段,每完成一个阶段就有一种成就感,漫长过程成了一个个成功结果的积累,我们所要的最终结果在这一个个阶段性的成功中获得了。由此,想到中国人民的智慧,我们把伟大的中国梦,分解为一个个的五年规划,通过一个个五年规划最终实现中国梦。

制定"十三五"规划

2015年10月,中国政治生活中最重要的事,莫过于26日至29日在北京召开的十八届五中全会。这次的政治局会议,有一个重要的议程:研究制定"十三五"规划的建议。

既保持长远战略目标的长期稳定,也对战略步骤和具体战术进行灵活的阶段性调整,持续推动中国的发展不断迈上新的台阶,积累下来就成为中国经济社会巨变。

以"十二五"规划为例,政治局会议的评价就是:"规划目标即将胜利实现,我国经济实力、科技实力、国防实力、国际影响力又上了一个大台阶"。按照一些学者的测算,"十二五"规划的目标完成率可能会达到90%以上,创历史新高。

比如,"十二五"提出服务业增加值占比在2015年前达到47%,现在这个数字是49.5%;城镇化率提高4%,现在的数字是54.7%;研发经费占GDP 2.2%的目标,现在已经超过了4%;城乡三项基本医疗保险参保率95%的目标,现在是98%;城镇新增就业4 500万人,2015年上半年就已经完成6 100多万。

我们之所以能持续地达成目标,同样是因为中国走了一条不太一样的路,我们的市场经济是与科学的宏观调控相结合的社会主义市场经济,我们每年都有经济发展的宏观目标,一年年的不断积累,最终实现了一个个五年规划,最终实现中国梦。

生活境界

鸿门宴(节选自《史记·项羽本纪》)

沛公军霸上,未得与项羽相见。沛公左司马曹无伤使人言于项羽曰:"沛公欲王关中,使子婴为相,珍宝尽有之。"项羽大怒曰:"旦日飨士卒,为击破沛公军!"当是时,项羽兵四十万,在新丰鸿门;沛公兵十万,在霸上。范增说项羽曰:"沛公居山东时,贪于财货,好美姬。今入关,财物无所取,妇女无所幸,此其志不在小。吾令人望其气,皆为龙虎,成五彩,此天子气也。急击勿失!"

……

沛公已去,间至军中。张良入谢,曰:"沛公不胜桮杓,不能辞。谨使臣良奉白璧一双,再拜献大王足下;玉斗一双,再拜奉大将军足下。"项王曰:"沛公安在?"良曰:"闻大王有意督过之,脱身独去,已至军矣。"项王则受璧,置之坐上。亚父受玉斗,置之地,拔剑撞而破之,曰:"唉!竖子不足与谋。夺项王天下者,必沛公也。吾属今为之虏矣!"

项羽的错误用哲学语言说,就是没有抓住时机促成质变。当时楚汉之争有没有发生质变呢?尽管项羽拥有兵四十万,刘邦拥有兵十万,但这仍然是楚汉之争的量变阶段,双方军事实力都存在,加上刘邦周围有许多能人扶持,而项羽性格上的缺陷,致使兵力优势逐渐丧失,最终自刎乌江。鸿门宴是项羽消灭刘邦的最佳时机,我们可能为项羽惋惜,但从历史视角来看,发生不发生质变,发生怎样的质变,背后都有其物质力量,是事物发展的客观历程,没有什么可惜的。假如,项羽杀了刘邦,一统天下,但西楚霸王的统治不会是汉初的休养生息制度,按其个性,还会有连年的战争,最终也会在战争中丧命。所以,鸿门宴是某种程度上成全了项羽的悲剧人生,具有极大的历史冲击性,项羽成为永不磨灭的历史英雄人物,连司马迁都为之写了本纪,是把他作为帝王来记载的。相反,项羽若不是在楚汉之争中战败身亡,而是在取得政权后继续穷兵黩武,天下不得安宁,这才是项羽的悲哀呢。

《七律·人民解放军占领南京》

《七律·人民解放军占领南京》是毛泽东所写的一首七言律诗,创作于1949年。这是一首纪念南京解放、庆祝革命胜利的诗篇。诗人热情歌颂了人民解放军飞渡长江天堑、解放南京、改造黑暗旧社会的光辉史实,并以富有哲理意味的诗句,阐发了"追穷寇"的深刻军事哲理。

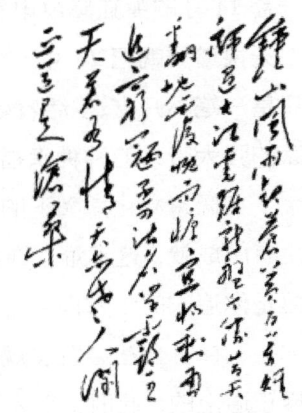

质变是新事物的产生,旧事物的消亡,毛泽东深知,人民解放军占领南京并不意味着旧军队消亡了,还没有实现彻底的质变,所谓旧事物的消亡就是指旧事物不可能再对新事物发展壮大构成威胁了,旧事物已丧失了它存在的可能性。

我的哲学小品文

活着　等待　坚持

世界是永恒发展的,三十年河东,三十年河西,历史沧桑,物是人非,社会的发展往往是社会力量的推动，个人的力量是微弱的。对个体而言，普通人不是创造历史的，而是享受历史进步带来的福祉。所以，一个普通人的人生阅历是否丰富在很大程度上取决于他存活的时间。就谈普通人，当今的网络时代给我们普通人带来的生活便捷是十年前不可想象的；如今国家强盛、国际地位与国家形象大幅度提升，这在三十年前也是不可想象的；中国高铁，一刻钟一座城市，从南京南站出发，一个小时到达上海，四个小时到达北京。去年我国出境旅游已突破1亿人，十一长假，全国各大景区、高速公路私家车拥堵，普通百姓享受生活休闲，都能感受到消费时代的快捷、方便。20世纪80年代，一个农民家庭要攒两三年的余粮钱才能购买一台14寸的熊猫黑白电视机；今天，我花600多块钱，在淘宝上一点，第二天快递员就把26寸平板电视送到家。600多块在家庭收入中占比不高，只是一笔小开支。活着就好，活着就能享受时代的进步、社会的发展、国家的强大带来的种种幸福生活。

在儒家文化熏陶下的中国人有着不可磨灭的进取心，我们希望自己的人生有所成就，这不难，许多时候只需要你等待社会对你的认可和发现。前提是你追求的大方向是正确的，即符合历史规律。这个论证很简单，因为你的选择符合社会发展规律，社会发展尽管有些曲折，但终究会回到社会发展正道上的，此时，个人的价值就会显现。只要我们做有利于社会进步、有利于国家富强、有利于人民幸福的事，终究被人民、被社会认可。历史是公允的，真相总会被揭示。屠呦呦85岁等来了诺奖，沈从文获诺奖已是铁板上钉钉的事了，但他没等到1988年11月的评选，1988年5月逝世，只要再活6个月，当年的诺贝尔文学奖就归沈从文了。许多人经受不了历史的打击。"文化大革命"期间，在1966年的一个晴初霜旦，翻译巨匠傅雷愤然辞世。斯蒂芬·茨威格没有等到二战的胜利，1942年服毒自杀了。用发展的眼光看问题也就是对现实否定的眼光，我用两年时间苦写的博士论文有24万字，目前已有一半文字发表了，我坚信作为整本书来出版是肯定可行的，因为我思考的问题是目前教学中的基本理论问题，而且很好地解决了这些问题。面对某些出版社的拒绝，我不会灰心，我知道这本书的价值与分量，只需要耐心等待而已。

有时候仅有等待是不够的，人生犹如走路，你走到那一段才会遇见那一段的风景。孔子登东山而小鲁，登泰山而小天下。因此，你想要见到怎样的风景，你就得走到怎样的高度。你没有见到想要见到的风景，说明你走得还不够远、不够高。许多学生错误地以为，别人学习好是因为别人比他聪明，其实，是他下的功夫没有别人深。用哲学的话说，就是要注重量的积累。生活中熟悉的路途显得短，陌生的路途显得遥远，这不是一个心理学的问题，根本上是一个哲学问题。走在熟悉的路途上，知道前方有多远，已走了多少，是个不断积累的过程，所以，是量变质变原理，要注重量的积累。

A26
◎ 唯物辩证法的根本观点 ◎

生活经验

师生关系的矛盾分析

教师和学生的联系是师生关系,是教与学的关系而联系起来的。教与学是对立统一的关系,没有学无所谓教,没有教也无所谓学,所谓自学也不是只有学没有教,而是书本的无言的教。

一个学生的知识水平之所以提高,是教与学的矛盾推动。当学生面对教与学的矛盾时,即面对教师提出的问题无法用旧知识回答时,学生就会进入思考探究的学习状态,新知识就会在旧知识的基础上建构起来。当教师面对教与学的矛盾时,即教师的教不能与学生的学相适应时,学对教形成了冲击,如学生根本不听,不喜欢老师的课,或者老师教的课程学生考试成绩很差,教师就不得不改变教学策略,以至于提高教学水平。所以,矛盾是联系的根本内容,是发展的源泉和动力,是辩证法的核心。

生活智慧

矛盾的观点是辩证法的根本观点

辩证法有三大观点:联系观、发展观和矛盾观。联系观、发展观只是辩证法的两个总特征,它与形而上学的孤立的、静止的观点相对立,而矛盾的观点才是辩证法的根本观点,是唯物辩证法的实质和核心。这是为什么呢?

大家都知道,联系是事物之间以及事物内部诸要素之间存在着相互影响、相互制约、相互作用的关系,那么事物之间怎样相互影响、相互制约、相互作用?实际上事物之间或事物内部诸要素之间存在着对立统一的关系。正是因为矛盾双方的相互对立,又相互依存、相互渗透、相互贯通,并在一定条件下相互转化,才构成了事物之间或事物内部诸要素之间的联系。如果不懂矛盾的观点,即使坚持用联系的观点看问题了,联系的内容也无从着落、空洞虚无,结果还是孤立地看待事物。同样的,如果不懂矛盾观,不知道事物的发展是由事物的内在矛盾运动所导致的,即使坚持用发展的观点看问题了,结果还是把事物的发展归结为外力的推动,否定了矛盾是事物发展的源泉和动力,本质上是用静止的观点看问题。所以说,承认矛盾的普遍性是坚持唯物辩证法的前提,不理解矛盾,就无法理解事物的联系和发展。

生活境界

学而不厌,诲人不倦

儒家的道德追求,道家的无为境界,佛家的慈悲情怀,仔细推敲一下,三者都有其内在的矛盾。以"学而不厌,诲人不倦"而论,学习尽管很困难也不要厌烦,教学尽管很疲劳也不要倦怠。儒家积极进取是有条件的,一是名正言顺,不在其位不谋其政。二是天命观念的纠缠:"求则得之,舍则失之,是求有益于得也,求在我者也。求之有道,得之有命,是求无益于得也,求在外者也。"(《孟子·尽心上》)求有益于得,但并不能保证得到,得之有命。"学而不厌,诲人不倦"有违背人自适天性的嫌疑,到了宋明理学,更有"存天理灭人欲"的主张。

按照道家的主张,既然厌倦了,就不要强为之。"吾生也有涯,而知也无涯。以有涯随无涯,殆已!已而为知者,殆而已矣!为善无近名,为恶无近刑,缘督以为经,可以保身,可以全生,可以养亲,可以尽年。"(《庄子·养生主》)人应该"安命",虚静无为,合于自然,摆脱外在的束缚与限制,自适逍遥。拼命地去追求什么,就会用智慧、出计谋,必然违背德性。"大道废,有仁义;智慧出,有大伪。"(《老子》)道家的自适逍遥,并不能获得小国寡民的桃花源。强调独特的生命主体的"保身全生",对社会责任的忽视,个人得不到社会的认可,庄子的生活状况可见一斑,吃上顿没下顿,庄子成了挨饿专家。

佛家似乎道德境界最高,慈悲为怀,普度众生。"身为菩提树,心如明镜台,时时勤拂拭,勿使惹尘埃。""菩提本无树,明镜亦非台,本来无一物,何处惹尘埃?"无论是神秀大师的渐悟修行,还是慧能大师的顿悟修行,都表明人人有佛心,人人可以成佛。佛家的内在矛盾在于"普度众生与出家无家",出家人可以舍弃一切帮助众生脱离苦海,但他是一无所有,如何舍弃一切?自己的日常生活都需要化缘,自己的生存都需要他人的帮助来维持,如何教诲别人去恶从善?怎么做到"诲人不倦"?这是怎样的教诲?

B27
矛盾的含义及其基本属性

生活经验

生活中的对立统一

书本会由新变旧，金属水杯的外壳有强黏着的涂层，时间长了也会脱落，戴的眼镜由牢固到松动，穿的衣服也会由色彩鲜亮到褪色。这种新与旧、黏与脱、松与紧、鲜亮与褪色，两个方面既相互对立又相互统一。

生活智慧

事物会不会只有一个方面的属性？

如果事物只有一个方面，没有与之对立的方面，则该事物永远只有一种不会改变的属性，事物永远不变，这与我们见到的永恒发展的世界不相符合，只要事物变化就意味着事物与原先不同，也就是说，事物中有与原先不同的方面。高度概括一下，就是事物既有肯定现状的"是"或者"我"的属性，也有否定现状的"不是"或者"非我"的属性。

相互对立的两个方面是如何统一的？

首先，矛盾双方相互依存。

一方存在是以另一方存在为前提的，如果一方不存在，另一方也就不存在。上下、高低、峰谷、美丑、伟大与平凡、高尚与卑劣、战争与和平、男女、多少……如果世界上全是女性，也就不需要有什么性别之分了，性别这一属性就不存在了；如果没有山谷，山峰就无法凸显，所有的没有山谷的"山峰"就是高原，而高原必须有平原与之对应，如果没有平原，则高原也不存在，只能是一片开阔地。

其次，矛盾双方相互贯通，即相互渗透、相互包含。

蝉噪林逾静，鸟鸣山更幽。为什么蝉的鸣噪会使山林更幽静呢？"蝉噪林逾静"是文学中的衬托。它的哲学依据在哪里？噪与静、鸣与幽是相互贯通的，相互渗透的；蝉躁与鸟鸣至少证明山林是安全的，小鸟周围不存在飞禽猛兽或者毒蛇，如果小鸟发现了猛禽，每个小鸟都警觉起来，不敢鸣叫，森林是一片死寂，死寂的另一面是暴恐，接下来就会有小鸟惨叫，扑通扑通翅膀一命鸣呼。所以，鸣叫与幽静是相互贯通、相互渗透、相互包含的，而死寂与暴恐对立统一。我们看到惊悚的影片，周围一片死寂，只听得楼梯上的沉重脚步声，并拖得很长，你知道接下来肯定是一个恐怖场面，这是生活中的对立统一给我们留下的印象。

第三，在一定条件下，矛盾双方可以相互转化。

塞翁失马，焉知非福。祸福在一定条件下会相互转化。读故事，指出祸福转化的条件。

近塞上之人，有善术者，马无故亡而入胡。人皆吊之，其父曰："此何遽不为福乎？"居数月，其马将胡骏马而归。人皆贺之，其父曰："此何遽不能为祸乎？"家富良马，其子好骑，堕而折其髀。人皆吊之，其父曰："此何遽不为福乎？"居一年，胡人大入塞，丁壮者引弦而战。近塞之人，死者十九。此独以跛之故，父子相保。(《淮南子》)

最大的敌人往往是最好的朋友。因为最好的朋友对你太了解了，你的缺陷，你的软肋，他一清二楚，如果变为敌人就相当可怕。

生活境界

没有斗争性就没有同一性

完全相同的两个方面无法依存、无法贯通。你有的我有，你没有的我也没有，我不需要你，你也不需要我，你我无法合作共赢。

男女之所以能组成家庭，是因为男女性别不同，他们相互需要。有同学说，有同性恋的。仔细看一下同性恋的两个男人或两个女人。他们不是完全相同的，往往有一个倾向刚强，一个柔弱一点。所以，史伯说："和则生物，同则不继。"孔子说："君子和而不同，小人同而不和。"

曹植的七步诗

煮豆燃豆萁，豆在釜中泣。本是同根生，相煎何太急？

问题：曹植不理解曹丕为什么要为难他，你能理解吗？

曹丕不为难他为难谁呢？曹植太有才了，与曹丕有着一样的血统，曹植完全可以取代曹丕称皇称帝，曹植的存在就是对曹丕王权的威胁。用哲学的语言来表述，就是曹植与曹丕具有很强的同一性，强烈的同一性，使斗争性变成了残酷的现实。用教材中的话说，即斗争性寓于同一性之中，没有同一性就没有矛盾统一体的存在，离开了同一性，斗争性也不存在，即斗不起来。所以只能在"窝里斗"。

A28 矛盾普遍性的含义

生活经验

事事有矛盾，时时有矛盾

（1）事事有矛盾。笔既要流畅又要能控制；纸张（白板）既要光滑整洁又要有摩擦力；小船要行走既要有作用力又要有反作用力，同时要有小船的重力与水的承载力；庄稼生长既要吸入二氧化碳又要排出氧气；家庭和睦既要有男人也要有女人；社会和谐既要有社会提供公共服务又要有个人对社会的贡献。

（2）时时有矛盾。抗日胜利，民族矛盾解决后，国共两党的矛盾立即凸显出来；两极格局解决后，宗教、民族、领土问题上升为主要矛盾。一个人的一生也充满着矛盾，未成年时不要承担什么家庭责任，但要受监护；成年人有法律赋予的各项自由，同时也承担各种法定的义务；有了家庭的温馨，就要承担家庭责任；老年人有经济实力又有休闲的时间旅游，既没有抚养子女的负担，也没有赡养老人的压力，但人生也快进入尾声了。

生活智慧

用对立统一的观点看问题

有一个10岁的小男孩,在一次车祸中失去了左臂,但是他很想学柔道。最终,小男孩拜了一位日本柔道大师做师父,开始学习柔道。他学得不错,可是练了三个月,师父只教了他一招,小男孩有点弄不懂了。

他终于忍不住问师父:"我是不是应该再学学其他招?"

师父回答说:"不错,你的确只会一招,但你只需要这一招就够了。"

小男孩并不是很明白,但他很相信师父,于是就继续照着练了下去。

几个月后,师父第一次带小男孩去参加比赛。小男孩自己都没有想到居然轻轻松松地赢了前两轮。第三轮稍微有点艰难,但是对手很快变得有些急躁,连连进攻,小男孩敏捷地展出自己的那一招,又赢了。就这样小男孩稀里糊涂地进了决赛。

决赛的对手比小男孩高大、强壮许多,也似乎更有经验。小男孩显得有点招架不住,裁判担心小男孩会受伤,就叫了停,还打算就此终止比赛,然而师父不答应,坚持说:"继续下去。"

比赛重新开始后,对手放松了警惕,小男孩开始使出他的那一招,制服了对手,由此赢得了比赛,得了冠军。

回家的路上,小男孩和师父一起回顾每场比赛的每一个细节,小男孩鼓起勇气道出了心里的疑问:"师父,我怎么就凭着一招就赢得了冠军?"

师父答道:"有两个原因:第一,你几乎掌握了柔道中最难的一招;第二,就我所知,对付这一招唯一的办法是对手抓住你的左臂。"

这个故事的真实性值得怀疑,但揭示的哲学道理是可信的。"长短"和"高低"都是相对而言的。有的时候,人的劣势未必就是劣势,只要正确认识自己,充分发挥自己的特长,最大的劣势可能反而会变成最大的优势。谚语说得好,尺有所短,寸有所长。

生活境界

要承认矛盾，分析矛盾，勇于揭露矛盾，积极寻找正确的方法解决矛盾

设想一下，一个人偏执、狂妄、不愿面对现实、敏感、脆弱、情绪变化不定等等，这种性格，在现实生活中、在社交场合中、在职场上，可能会是缺陷，甚至是致命缺陷，但如果控制得好，用在艺术上，会是不可多得的优点。艺术家，尤其是成功的艺术家，哪一个不是自信到偏执的程度？哪一个不是目中无人的？哪一个不是只沉浸于自己的内心世界、听从内心的呼唤，对现实世界视而不见的？哪一个不是敏感、脆弱，对艺术有超人的感受力？而且，大多数艺术家都是情绪多变、阴晴不定的。

我们以大家熟悉的梵·高为例。如果没有偏执、狂妄、不愿面对现实的性格，他能坚持到最后？如果不是那种敏感、脆弱的性格，他能有那么强大的艺术感受力，画出那么震撼人心的作品？如果不是性格多变、阴晴不定，也不可能灵感如泉涌，创作激情勃发如潮，不可遏止。

所以，一个人成年以后，性格基本上就定型，很难再改变。关键在于，要清醒认识自我，全面、正确地认识自己的性格特点，对某些性格特征，在容易成为缺点的场合，尽量控制、收敛，不要让它成为闯祸的野马，把危害控制到最小；在可以成为优点的场合和领域，不妨尽情放纵，充分利用，"好风凭借力，送我上青天"，最大程度地发挥自己的性格优势。当然，要做到这一点，前提就是要正确认识自我。这一点，说来容易，做起来难。

A29 矛盾特殊性的含义

生活经验

世界上没有两片完全相同的树叶

德国哲学家莱布尼茨说:"凡物莫不相异","天地间没有两个彼此完全相同的东西"。粗粗看来,树上的叶子好像都一样,但仔细一比较,却是形态各异,都有其特殊性。

如何理解这两句话?我国古代思想家惠施说:"至大无外,谓之大一;至小无内,谓之小一。"(《庄子·天下篇》)"大一"是说整个空间大到无所不包,不再有外部;"小一"是说物质最小的单位,小到不可再分割,不再有内部。我们用惠子的"至小无内"来论证"世界上没有两片完全相同的树叶"。

当一片树叶占据了它所处的空间,其他树叶就无法占据这片树叶的空间,从极其微观角度看,太阳光线照耀到两片树叶上的角度、树叶的受光量是不同的;从树根输送到这两片不同树叶的营养、水分的路径和数量也有极其细小的差异。因此,光合作用的客观条件有差异,两片树叶的纹路、结构有差异。由此,我们说,世界上没有两片完全相同的树叶。

矛盾的特殊性是展示自己的个性,将自己与其他事物区分开来的依据,我们之所以能认识是柳叶而不是枫叶，是这片树叶而不是那片树叶，就在于我们把握了它们的特殊性。

生活智慧

谁出卖了伯尼·费德曼？

第二次世界大战期间，美国陆军反间谍队的高级教官伯尼·费德曼在一次战地值勤中不幸被德国军队俘获。鉴于费德曼的特殊身份，为了从他嘴里套出所需要的情报，德军审讯员使出了种种手段：严刑拷打、心理施压、耍弄诡计、给以厚遇……然均未奏效，以至于德军审讯员无奈地说："费德曼大概愿意我们折腾他，这样给他机会成为英雄。"但这位铁打硬汉，最终却被出卖了——出卖他的不是别人，正是他自己的优点。

原来德国人后来把他送入德国一所培养领导间谍的干部学校去，并让他每天陪同一个教官上课。这位教官不知是有意还是无意，每次讲给学员的东西大都是错误的。起初，费德曼极力忍耐，冷笑置之。有一天他实在忍无可忍，便情不自禁地批驳德国人一通，并谈了美英机关一些工作的内幕，还向德国人提了一些应该怎样搞清通信网的建议。自然，这些正是德国人希望知道的。

费德曼的悲剧，在于他不容亵渎的职业神圣感和其强烈的敬业精神。德国人正是利用了这一点，将欲取之，乃先诱之，刺激得他"一时技痒"，在维护他的职业尊严中落入了对方的圈套。

费德曼的职业神圣感和其强烈的敬业精神，本来是优点，但优点有时却会成为别人攻击的弱点。德国人正是抓住这一点，达到了自己的目的，这叫量身定制，这叫具体问题具体分析。具体问题具体分析是正确认识事物的基础，正确解决问题的关键。这是马克思主义哲学的一个重要原则，是马克思主义活的灵魂。

为什么把具体问题具体分析提高到这样的高度呢？因为矛盾具有特殊性，每个事物都不相同，因而解决每个具体问题时都没有现成的答案，解决问题的方法都应该是原创的,需要量身定制,因此,具体问题具体分析说起来容易,做起来太难了。然而,矛盾的普遍性和特殊性的辩证关系原理给我们带来了生活的智慧;为我们借鉴他人经验提供了哲学依据。

生活境界

每个人的世界都不相同

由此,我们不难推理出,每个人的生活环境、家庭结构、生活方式、亲情关系都有细微甚至很大的差异,每个人的内心世界是不一样的。

有一次,我去常州,晚上打算回江都,赶到常州汽车站,已经没有去江都的班车了,幸亏有到扬州的班车,于是我买了票,到候车室候车。候车室很宽敞、很整洁,我选了个位置坐下来。目光四处游离,耳朵听到的都是些苏南的地名:张家港、江阴、常熟、宜兴、吴江、太仓等等,对我这个扬州人来说,这些地方在东西南北我都搞不清楚,更不说具体行车路径。我想家乡在苏南的旅客一定对这些地名的地理方位、行车路线清清楚楚,正如我在扬州汽车站发车要去往的江都、高邮、宝应、兴化、泰州、姜堰等地方的地理位置在我的世界里清清楚楚。其实,我们每个人熟悉的地理空间大致与你家乡的车站的辐射空间差不多;沿高铁线走的,你所熟悉的地理空间差不多也是在高铁沿线。

再谈家庭结构。我小时候就没有"外婆"这个概念,因为外婆去世得早,我没见过。提到"舅舅"也就是我家舅舅那个样子,我现在也是舅舅了,在晚辈的脑海中的舅舅也就是我这个样子。我对"奶奶"这个词印象特别好,因为我总是以我自己的奶奶如何优待我的来认定天下奶奶的形象,其实,我的两个妹妹对奶奶的印象就没有我对奶奶的印象好,因为,我奶奶有点重男轻女。

就同一个人而言,在少年时与老年时也有不一样的矛盾。"少年不识愁滋味,爱上层楼。爱上层楼,为赋新词强说愁。而今识尽愁滋味,欲说还休。欲说还休,却道天凉好个秋。"年纪轻轻时,尚不理解人生之愁,却自以为身在愁中,写诗作赋,诉说苦恼。而到现在,真正知道什么是人生之愁的时候,却想说也说不出了,只能叹这秋之悲凉。我现在处于中年,我对中年人的父母是否在世就有着特别的感受,因为中年人的父母都已七十多岁了,一般都有些疾病,此时中年人自己的子女也正处于人生恋爱与工作的关键期,所以,中年人就特别有压力,异常艰难。

B30 矛盾普遍性和特殊性的辩证关系及其指导意义

生活经验

公孙龙的"白马非马论"

你认为,白马非马论对吗?为什么?

有学生认为,马是整体,白马是部分,因此,白马属于马。然而,部分不等于整体,所以,白马不是马。该同学不是在驳斥"白马非马论"而是在论证"白马非马"。

有学生认为,白马是马生的,因此,白马是马。"你还是你妈生的呢,你就是你妈?"这个问题涉及一个全新的哲学道理,就是矛盾的特殊性与普遍性的辩证关系原理。

抽象的马是不存在的,马的所有属性只能在具体的马中体现,离开了具体的马,抽象的马的属性就丧失了存在的载体。一匹马无论怎么特殊,都是用自己特殊的方式来表达马的属性,不表示任何非马的属性,如果一匹马有非马的属性,我们会说这批马发生了变异,不像马了。比如,一匹浑身泥浆并断了一条腿的白马,我们能猜测出这匹马可能得过什么病,或受过什么虐待,也可能经历了长途跋涉,筋疲力尽,最后腿断了跌倒在泥塘里。这匹白马正是用这些特殊性表达了作为一匹具体马的身世经历。所有的马都是具体的、历史的,正是通过马的特殊性展现了它的具体性和历史性。

用哲学语言来概括如下:

矛盾的特殊性与普遍性是相互联系的。矛盾的普遍性寓于矛盾的特殊性之中,并通过特殊性来表达。矛盾的特殊性不能离开矛盾的普遍性。

生活智慧

"医生要我多吃水果,不是苹果。"这句话错在什么地方?

苹果与水果的关系是矛盾的特殊性与普遍性之间的关系。矛盾的特殊性与普遍性是相互联系的,漫画中的病人,将矛盾的普遍性与特殊性看成了两个独立的事物,因而割裂了普遍性与特殊性的联系。世界上没有抽象的水果,水果的所有属性只能在具体的苹果、梨子、香蕉、橘子、桃子等水果中;另一方面,所有的苹果、梨子、香蕉、橘子、桃子都用自己的特殊性表达水果的糖分、多汁、果酸等特性,这些特性离不开具体的水果,即使你把苹果中的果汁榨出来,它仍然是苹果汁,而不是抽象的水果果汁。

职业试药人

近日,媒体报道了鲜为人知的"职业试药人",试药人大多是80后和90后,他们试药一周可"轻松"赚到几千元。试药充满了危险,但是对于职业试药人来说,试药已经成为了难以抗拒的诱惑,高收入的背后也伴随着悔恨终生的危险。

矛盾的普遍性与特殊性的辩证关系原理能使我们智慧地认识世界与改造世界。矛盾的特殊性要求我们抓住事物自身的特点进行原创性地解决问题,然而,不同事物也有共性,因此我们就可以在共性的指导下分析其特殊性。比如，我们要分析鸟的消化器官，我们只需要解剖麻雀，所谓"麻雀虽小，五脏俱全"，根本不需要解剖所有的鸟。再如，一种新药问世，看它有什么样的毒副作用，虽说人的体质各不相同，但还是有共性的，所以只需要找一些典型人群试药即可，比如哺乳期的妇女、孕妇、体弱者、患有某种疾病的人、儿童等等，这样，新药的毒副作用就能获得临床数据，为新药的改进或投放市场提供依据。

涉及矛盾的共性与个性关系原理的关键词有：试点、典型、从群众中来到群众中去、解剖麻雀、一般号召与个别指导、经验总结、经验推广、样本等等。

生活境界

嫦娥探月轨道与课堂文化传播动力

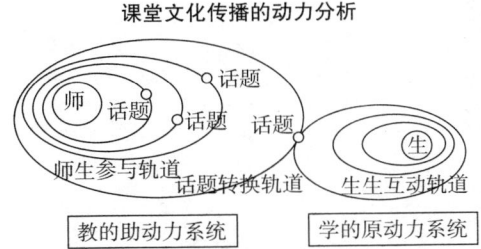
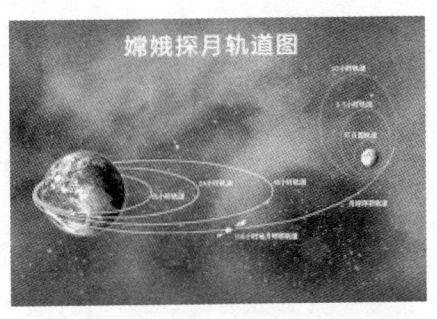

这两个话题看上去简直是风马牛不相及。可能是2008年的事，当时我国正在进行嫦娥探月工程，我从杂志上看到了轨道图，我不太懂，邻座就是一位化学特级教师，他知识渊博，我就请教他这是怎么一回事。他骄傲地说："你问对人了。"他深入浅出地讲解了一遍，我终于弄明白了。我为什么着急地向他请教呢？我当时正在搞话题教学研究，我发现这幅轨道图能很好地说明话题是如何在师生间传播的。根据他的讲解，结合我的教学实践，我非常流畅地写好了一篇论文《课堂文化传播的动力分析》，此文很快在国家级学术期刊《现代中小学教育》上发表。

教育学与航空航天学相差十万八千里，但它们有共性，在学术研究中，不同领域的理论可以相互借鉴。对一个国家来说,探索自身独特的发展道路是必然的,然而并不是排斥一切,相反,我们需要学习一切资本主义优秀文明成果。学习市场经济,我们搞成了社会主义市场经济。学习马克思主义,我们建设中国特色的社会主义,并提出了中国特色社会主义理论。可以说,正是我们不断地学习人类一切先进文明成果,我们才有今天的道路自信、理论自信和制度自信。

B31
主要矛盾和次要矛盾的含义及其辩证关系

生活经验

谈谈我们生活中的烦恼

我们生活中会遇到许多烦恼、矛盾,这些烦恼或矛盾对我们人生的发展所处的地位和所起的作用不同。

比如:我爱篮球,但篮球技能提高了,我的境遇并没有多大的改变;同样的,我喜欢玩游戏,但花时间玩游戏时,或游戏关卡升级了,也觉得没有多大意思;我买了iPhone6,也只是新鲜了一个星期;买了新衣服,服饰改善了,过两天发现我还是原来的我。还有一些对我们生活有所改变但不是决定性的,比如,协调同学、老师关系,我在学校里的人际关系和谐了,我心情愉悦;再如,家庭矛盾的解决,如母女矛盾,我与母亲相处更融洽了;有的矛盾解决会出现一个全新的我,如我被自己心仪的重点大学录取,读了喜爱的专业,人生发展的空间变大了。

生活智慧

如何认识事物的主要矛盾?

主要矛盾处于支配地位、对事物发展起决定作用。这就意味着随着主要矛盾的解决,事物就变为新事物了。如果我们从事物发展的角度把握新事物,由此得出新事物与当前事物的差异,这个差异就是主要矛盾。比如,高中生的主要矛盾是什么?首先要确认取代高中生的新事物是什么,一般认为是高中毕业考取了大学,成为一名大学生。这样,当前作为高中生的主要矛盾就很清楚了,即自己目前的文化素养还达不到大学选拔人才的要求。

为什么要集中力量解决主要矛盾?

主要矛盾处于支配地位、对事物发展起决定作用,因此,主要矛盾的解决意味着事物的发展,事物发展了,不集中力量解决如此重要的事,还有什么事值得如此花大力气解决呢?用哲学语言表达,即要善于抓重点,集中力量解决主要矛盾。生活中的谚语有:射人先射马,擒贼先擒王;牵牛要牵牛鼻子;打蛇要打七寸;防止眉毛胡子一把抓;捡了芝麻,丢了西瓜;等等。

同时,主要矛盾和次要矛盾相互依赖、相互影响,并在一定条件下相互转化。因此,我们既要看到主要矛盾,又要看到次要矛盾。谚语有:一个好汉三个帮;一个篱笆三个桩;荷花好看也要绿叶扶;要统筹兼顾,不能忽视次要矛盾的解决;等等。

生活境界

一个人的精力是有限的,如何用有限的精力促进自身更好地发展?

万里长城是中国古代集中力量办大事的经典史诗。同样,新中国成立后"两弹一星"的政治意义,正如邓小平所说的:"如果六十年代以来中国没有原子弹、氢弹,没有发射卫星,中国就不能叫有重要影响的大国,就没有现在这样的国际地位。"换言之,"两弹一星"是在政治环境异常严峻、经济条件异常艰苦的条件下,举全国全民之力集中力量办大事的历史丰碑。

萨尔浒战役：集中兵力后金兴

努尔哈赤建立后金后,又花了两年多时间整顿内部,发展生产,扩大兵力。公元1618年,努尔哈赤召集八旗首领和将士誓师,宣布跟明朝有七件事结下了冤仇,叫作"七大恨"。第一条就是明朝无故挑衅,害

死了他的祖父和父亲。为了报仇雪恨,他决定起兵征伐明朝。

第二天,努尔哈赤亲自率领2万人马进攻抚顺。他先写信给抚顺明军守将,劝他投降。守将李永芳一看后金军来势凶猛,没有抵抗就投降了,后金军俘获了人口、牲畜30万。明朝的辽东巡抚派兵救援抚顺,也被后金军在半路上打垮。努尔哈赤命令毁了抚顺城,带着大批战利品回到赫图阿拉。

消息传到北京,明神宗大怒,决定派杨镐为辽东经略,讨伐后金。杨镐经过一番紧张的调兵遣将,才集中了10万人马。公元1619年,杨镐分兵四路,由四个总兵率领,进攻赫图阿拉。中路左翼是山海关总兵杜松；中路右翼是辽东总兵李如柏；北路是开原总兵马林；南路是辽阳总兵刘铤。为了扩大声势,号称47万大军。杨镐坐镇沈阳,指挥全局。

那时候,后金八旗军兵力,合起来不过6万多。一些后金将士得到情报,不免有点害怕,来找努尔哈赤,要他拿主意。努尔哈赤胸有成竹地说:"别怕,管他几路来,我就是一路去。"

经过侦察,努尔哈赤得知杜松率领的中路左翼是明军主力,已经从抚顺出发打了过来,他就集中兵力,先对付杜松。

杜松是一员身经百战的名将。从抚顺出发的时候,天正下着大雪,杜松想抢头功,不管气候恶劣,急急忙忙冒雪行军。他先攻占了萨尔浒(今辽宁抚顺东)山口,接着分兵两路,把一半兵力留在萨尔浒扎营,自己带了另一部精兵攻打后金的界藩城(今新宾西北)。

努尔哈赤一看杜松分散兵力，心里暗暗高兴，集中八旗的兵力，一口气攻下萨尔浒明军大营，截断了杜松后路。接着，又急行军援救界藩。正在攻打界藩的明军，听到后路被抄，军心动摇。驻守在界藩的后金军从山上居高临下地压下来，把杜松军杀得七零八落。努尔哈赤率领大军赶到，把明军团团围住。杜松左右冲杀想要突围，突然一箭飞来，正射中他的头部，杜松从马上栽下来死去。其部下明军被杀得尸横遍野，血流成河。一路人马先覆灭了。

战争形势瞬息万变，兵力对抗中谁占优势谁胜。所有战争的兵力分散都是为了兵力集中。有的分开兵力是为了阻止敌方的兵力聚合，拿破仑的滑铁卢之战中将兵力分散就是不得已而为之；有的兵力分开是为了引诱敌人把兵力分开，然后各个击破；有的兵力分开是迷惑敌人的假分散；有的兵力分开是为了更好地聚合。突然想到蒲松龄《聊斋志异》中的两狼分散开来，"一狼径去，其一犬坐于前"是为了更好地前后夹击。"久之，目似瞑，意暇甚。"前狼想分散屠夫注意力，但屠夫并没有上当，而是集中精力，"屠暴起，以刀劈狼首，又数刀毙之"。"方欲行，转视积薪后，一狼洞其中，意将隧入以攻其后也。身已半入，止露尻尾。屠自后断其股，亦毙之。乃悟前狼假寐，盖以诱敌。"在这则小说中，狼似乎有了人类的智慧，也知道要集中力量解决主要矛盾了。

B32
矛盾的主要方面和次要方面的含义及其辩证关系

生活经验

药与毒品

是药三分毒,为什么还要吃药呢?药对人体某器官的病毒有杀伤力,也会对其他正常器官带来伤害,那么要不要吃药呢?就要权衡利弊得失,如果利大于弊,显然要吃药;如果弊大于利,就不能吃这种药。所谓药有三分毒,意味着七分能治病,三七开,利大于弊,所以叫药。毒品也有对人体有益的方面,例如使人飘飘欲仙,能体验到亦真亦幻的童话般世界,但毒品对人体的伤害是主要的,带来的快感会很快丧失,而毒瘾会长期潜伏在体内,给人体造成巨大的伤害,所以我们叫它毒品,而不是药。毒品在什么情况下也能成为药?许多麻醉药是毒品,对人体伤害很大,但在人生命的紧要关头,缓解痛苦成为人的最大需求,此时,毒品也就成了药品了。

生活智慧

一首诗（选自教材）

蔷薇花总是有刺。

我相信，天上可爱的天使，她们也绝不会没有瑕疵。

天幕上最光洁的星辰，要是伤了风，也会坠落凡尘。

最好的苹果酒常带有木桶的味道，太阳里也有黑点看到。

（1）说出诗歌中事物的主次方面。

玫瑰花的芬芳是主要方面，有刺是次要方面；天使的可爱是主要方面，有瑕疵是次要方面；星辰的光洁是主要方面，伤风坠落是次要方面；苹果酒的高品质是主要方面，有木桶的味道是次要方面；太阳的光芒万丈是主要方面，有黑点、耀斑是次要方面。

（2）剖析诗歌的结构。

如何表达世间万物都有对立统一的两个方面？这首诗歌从物象选择上给我们以启发。第一个物象是自然界中最普通的小花小草、石子溪流之类的；第二个物象一下子上升到自然神，应该是自然中最具人的意志的物象了；第三个物象又回过头来看，选择了星辰，虽说星辰是无意识的自然物，但它是天体；第四个物象选择了苹果酒，是人造物；最后一个选择了自然界中对人类生命最有意义的物象——太阳，上升到宇宙人生的境界了。

（3）模仿诗歌物象选择的层次，写一首诗。学生模仿的经典诗句。

最美丽的校园，也有堆放垃圾的地方。

再豪华的饭店，也会散发出泔水的恶臭。

伟大的思想家，常常是孤独的。

（4）获得的人生启迪：人无完人，看人要抓主流，能容忍别人的缺点。

生活境界

基辛格：围棋与国际象棋的差别

中国人是实力政策的出色实践者，其战略思想与西方流行的战略、外交政策截然不同。在陷于冲突中时，中国绝少会孤注一掷，而是依靠多年形成的战略思想更符合他们的风格。西方传统推崇决战决胜，强调英雄壮举，而中国的理念强调巧用计谋及迂回策略，耐心累积相对优势。

中西方的这一对比反映在两种文明中流行的棋类上。中国流传最久的棋是围棋，它含有战略包围的意思。棋盘上横竖各 19 条线，对弈开始时棋盘上空无一子。对弈双方各有 180 枚子可用，子与子没有差别。两位棋手轮流在棋盘任何一点上落子，占据有利地形，同时设法包围吃掉对方的子。棋手在棋盘各处同时展开厮杀。棋盘上每落下一子，对弈双方的实力对比就略有消长，双方都在实施自己的战略计划，并同时应对对手的棋。一场势均力敌的比赛结束时，棋盘上双方的地盘犬牙交错，一方常常仅占有微弱的优势。对于一个外行人，从棋盘上并不总能看出哪一方是赢家。

而国际象棋的目标是全胜，目的是把对手将死，即把对方的王或后逼入绝境，令其走投无路。绝大多数的国际象棋比赛靠消耗对方实力或偶尔靠一着妙手取胜。唯一的另一种可能是双方握手言和，即双方均无希望取胜。

如果说国际象棋是决战决胜，围棋则是持久战。国际象棋棋手的目标是大获全胜，围棋棋手的目标是积小胜。下国际象棋，棋盘上双方的实力一目了然，所有棋子均已摆在棋盘上。围棋棋手不仅要计算棋盘上的子，还要考虑到对手的后势。下国际象棋能让人掌握克劳塞维茨的"重心"和"关键点"等概念，因为开局后双方即在中盘展开争夺，而下围棋学到的是"战略包围"的艺术。国际象棋高手寻求通过一系列的正面交锋吃掉对手的棋子，而围棋高手在棋盘上占"空"，逐渐消磨对手棋子的战略潜力。下国际象棋练就目标专一，下围棋则培养战略灵活性。

中国围棋智慧更准确地反映出矛盾主要方面与次要方面的辩证关系。

第一,输赢、多少是对立统一的。赢不是把对方彻底赶尽杀绝,一个子不剩,赢是相对输而言的,离开了输也无所谓赢,保存输的一方,保存输的一方的尊严也就为赢的一方留下了存在的空间。矛盾的主要方面不是一方独大,而是略占优势。同样的,我国基本经济制度也体现了围棋的智慧,公有制占主体,而不是公有制越多越纯越好。第二,矛盾双方的此消彼长并不是以显性的外在力量的变化,也不是通过吃掉对方的兵力来增强自己的力量,而是通过"占空"使对方的潜在力量削弱,棋子力量主要不在于围住对方,而主要是围自己的地盘。同样的,面对残酷的战争,中国的思想家提出了一种战略思想:强调取胜以攻心为上,避免直接交战。第三,矛盾双方的变化是相互的,一个棋子会引起双方形势都会发生变化,不存在只有一方变化而另一方不变化的情形,没有一种局面是一成不变的。任何现象都是暂时的,都在不断发生变化。战略家必须洞悉变化的走向,为己所用。

C33
◎ 坚持两点论与重点论的统一 ◎

生活经验

无法抓住重点的人

任何事情总要别人帮我拿主意,生怕做错了,而且不管我怎么思考都觉得别人说的都是对的。还有,比如这个事情我做错了,我完全不知道,哪怕这一刻有人批评了我,教我怎么做,我也不知道为什么这样子就对了,那样子就是错的。甚至连普通的礼数问题我都做不到,见人的时候就是一点都想不起来。现在的状态就是这样子,任何问题,只要牵扯思考的,我都分不清为什么要这样做,哪样是对的,哪样是错的。

看问题要分清矛盾的主次方面,好坏优劣,利弊得失,权衡利弊,主流、性质、大方向、总的来说等关键词都是看问题的,不是指办事情的。办事情要抓住主要矛盾,抓重点、关键、核心,寻找突破口、着力点。其实,两个原理相互关联,一般地,办事情是建立在看问题基础上的,但只要是在办事情就是想推动事物向前发展,也就只有主要矛盾与次要矛盾的问题。相反,仅仅在看问题,而没有动手引起事物发生变化都只是判断事物的性质,只涉及矛盾的主次方面。当一个人无法抓住重点的时候,意味着这个人既不会看问题也不会办事情，进一步推理，有两种情况。第一，没有问题意识，生活本来如此，不想也不愿意改变原有生活，一切本该如此，既然主观上不愿看问题、办事情，也就无所谓认识主次矛盾和主次方面了。第二，有愿望去认识世界与改造世界，但缺失科学的世界观和方法论，总是做得不正确。这就需要在生活实践中不断打磨，提高分清主次矛盾与矛盾主次方面的能力。

生活智慧

善于分清事情的轻重缓急

在一次上时间管理课时，教授在桌子上放了一个能装水的罐子。然后又从桌底下拿出一些正好可以从罐口放进罐子里的鹅卵石。教授把石块装满罐子后问他的学生："你们说这罐子是不是满的？""是！"所有的学生异口同声地回答。"真的吗？"教授笑着问。然后他又从桌底下拿出一袋碎石子，把碎石子从罐口倒下去，摇一摇又加了一些，直至装不进了为止。他再问学生："你们说，这罐子现在是不是满的？"这次他的学生不敢回答得太快。最后班上有位学生小声回答道："也许没满。""很好！"教授说完后，又从桌底下拿出一袋沙子，慢慢地倒进罐子里。倒完后他再问班上的学生："现在你们再告诉我，这个罐子是满的呢？还是没满？""没有满。"全班同学这下学乖了，大家很有信心地回答。"好极了！"教授再一次称赞这些"孺子可教"的学生们。称赞完后，教授从桌底下又拿出一大瓶水，把水倒在看起来已经被鹅卵石、碎石子、沙子填满了的罐子中。当这些事都做完之后，教授正色问他班上的同学："我们从上面这些事情中得到了哪些重要的启示？"

班上一阵沉默，一位自以为聪明的学生回答说："无论我们多忙、行程排得多满，如果要挤一下还是可以多做些事的。"教授听到这样的回答点了点头，微笑着说："答得不错，但这并不是我要告诉你们的重要信息。"说到这里教授故意停住，用眼睛扫了全班同学一遍后说："我想告诉各位的最重要的信息是，如果你不先将大的'鹅卵石'放进罐子里去，也许你以后永远都没有机会再把它们放进去了。"

做事有长远目标、短期目标、即时目标。这些目标有时候会像热气球遇上麻烦一样到处乱撞,照顾了这一点又忘记了那一点;无论怎样权衡利弊,始终不能尽善尽美。这时一定要善于发现并解决最迫切的问题。只有先解决这些问题,才能解决其他问题。

在美国总统中,卡特被认为是"最繁忙"的总统。他为什么忙?因为他事无巨细,渴望掌握所有问题的第一手资料。这使他淹没于细节中,而忽略了对整体的把握。

生活境界

凡事都有轻重缓急

古人云:"事有先后,用有缓急。"做事也是如此,作为一个优秀的人,分清事情的轻重缓急,不但做起事来井井有条,完成后的效果也是不同凡响。次序处理好了,不但能够节约做事时间,提高做事效率,最重要的是能给自己减少许多麻烦。决定好做事情的轻重缓急,是为自己找到更多时间去完成最为紧要的事情的最为有效的第一步。也就是说,如果你把为自己寻找更多的时间视为第一需要,而你计划优先去做最紧要的事,那你就能找到更多的时间。这是非常简单的道理。

凡事都有轻重缓急,重要性最高的事情应该优先处理,不应将其和重要性最低的事情混为一谈。对于那些零零散散的事务,我们可以先把它们按照"急重轻缓"的顺序,整理好再着手处理。

(1)重要且紧急(这些是必须立刻或在近期内要做好的事情)。

它们的紧急性和重要性,要比其他每一件事都优先。如果拖延是造成紧急的因素,则现在已经不能再拖延了。在这些情形下,时间管理就不会出现什么问题了。

(2)重要但不紧急(注意,这类事情的处理可分辨出一个人办事有没有效率)。

我们生活中,大多数所谓重要的事情都不是紧急的,我们可以现在或稍后再做。在很多情形之下似乎可以一直拖延下去;而在太多的情形下,我们确实这样拖延着。这些都是我们"永远没有着手"的事情。

这些事情都有一个共同点：尽管它们具有重要性，可以影响到你的健康、财富和家庭的福利，但是你如果不采取初步行动，它们可以无限期地拖延下去。如果这些事情没有涉及别人的优先做事，或规定期限而使它们成为"紧急"，你就永远不会把它们列入你自己优先要办的事情。

（3）紧急但不重要（表面上看起来是需要立刻采取行动的事情，但是如果客观地来检视，我们就会把它们列入次优先级里面去）。

（4）不紧急也不重要。很多事情只有一点价值，既不紧急也不重要，而我们常常在做更重要的事情之前先做它们，因为它们会分你的心——它们提供一种有事做和有成就的感觉，也使我们有借口把更有益处的事情向后拖延。如果你发现时间经常被小事情占去了，你就要试一下学会克服拖延。

上帝给予每个人的时间都一样，一天24小时，但是不同的人却过出了不同的人生，其中一个很重要的原因就在于你的时间花到哪儿去了。一个优秀的人与一个平庸的人在处理事情的轻重缓急上，尤其在"重要但不紧急"与"紧急但不重要"的处理上不同。优秀的人会把时间花在前者的处理上，平庸的人会把时间花在后者的处理上。

C34
◎ 坚持对具体问题作具体分析 ◎

生活经验

有人剁掉骆驼四肢行乞

你怎么看这件事？你知道乞讨者是怎么想的呢？

失去双腿的残疾想让人们认识到失去双腿是多么的可怜，骆驼失去了双腿就会长跪不起，无法行走，在沙漠中最终被黄沙掩埋。想到这儿你会同情乞讨者吗？当然不会，你会为乞讨者剁掉骆驼

四肢的行为感到无比愤怒，乞讨者太残忍，丧尽天良。你这样想，那你就上当了。

其实，乞讨者没有这么残忍，他们只是让骆驼跪下，骆驼跪下时小腿会向体内收紧，从外表看不到小腿，由此人们从骆驼跪下的形象联想到两位乞讨者的惨相，从而生出怜悯之心。乞讨者抓住了骆驼跪下的特点来作为行乞的策略。

那么，这种乞讨行为有没有做到具体问题具体分析呢？具体问题具体分析是指在矛盾的普遍性原理指导下，分析矛盾的特殊性，从而找到解决问题的办法。从表面看，行乞者抓住了骆驼跪下来的特点，引起了人们的怜悯之心，但这种怜悯是对骆驼的怜悯，不是对乞讨者的怜悯，反而引起人们对乞讨者的憎恨。从解决问题的角度看，乞讨者并没有解决问题，也就是说，没有做到具体问题具体分析。具体问题具体分析，首先要把握问题是什么问题，然后才能谈到这个问题的特殊性。乞讨者的问题是能够让人们慷慨解囊，获得别人的施舍。用教材中的话来说，就是"具体问题具体分析是正确认识事物的基础，是正确解决矛盾的关键"。

生活智慧

华佗看病

据《华佗传》记载，州官倪寻、李延同时请华佗看病，两人都说自己头痛发烧，不适的感觉也一样。华佗诊断了他们的病情之后，给倪寻开的是通导药，而给李延开的却是发散剂。两人都责问华佗：为什么病状相同，开的药却不一样？华佗回答说，倪寻的身体外部没有病，病是由内部积食引起的，故用泻药；而李延的身体内部没有病，病是由外感风寒引起的，故用发散药。

华佗之所以是神医，就是能做到具体问题具体分析，对症下药，才能药到病除。什么是对症下药、药到病除呢？

生活境界

对症下药，药到病除

对症下药与药到病除之中都有病症与药两个方面，这两个方面进行排列组合的话就有四种情况。对病症来说，要认清不同的病症，即把握矛盾的特殊性，这是正确解决问题的前提。第一种情况，如果不能分清矛盾的特殊性，结果只能是看到一个病症，对应的药理论上也只有一种，这就是所谓的"千篇一律""一刀切""不分青红皂白，各打五十大板"。第二种是病症分不清，但药方记得不少，也就是说，他认为一个病症有很多种方法，实际上没有看到方法的特殊性，就会出现"生吞活剥""生搬硬套""火上浇油"。第三种，认识到病症的特殊性，但没有认识到方法的特殊性，会导致"张冠李戴""东施效颦""邯郸学步"的情况。第四种，既看到病症的特殊性，也看到治病方法的特殊性，此时才能叫"对症下药""量体裁衣""抽薪止沸""一把钥匙开一把锁"。所以具体问题具体分析，既有问题的特殊性也有解决问题的方法的特殊性。这要求我们做到主观与客观具体历史的统一，反对"一刀切""一风吹"的工作方法和教条主义。

我的哲学教学论文

矛盾观的内在矛盾

高中思想政治课中的"矛盾观"历来被师生视为最难掌握的知识，如果我们用矛盾的观点来看矛盾观的学习，我想，矛盾观的学习至少要解决三个层面的矛盾。

第一，矛盾观的有关哲学原理与我们生活经验的矛盾。哲学原理之所以难以把握，是因为哲学原理知识去除了个体世界的相关内容，知识只有与个体的实践情境、生活经验、价值追求、意志品德等个体世界相联系，才能激起人们对知识的主动探究欲望、兴趣、信心。要做到知识与我们的生活情境相联系，就要做到在生活的任意情境中都能游刃有余地表达哲学原理。

比如，矛盾的含义，矛盾就是对立统一。为什么一切事物都有对立统一的两个方面？没有一个属性的事物吗？对此，我们要有透彻的理解。一切事物都是变化发展的，不存在静止不变的事物，而事物的改变总是与原先不同，所以，事物内部必存在与原先不同的属性。如果事物内部没有这种与原先不同的属性，该事物就不会变得与原先不同，即该事物是静止不变的，因此，只有一个属性的事物是不存在的。换言之，如果一个事物只有一个属性，不存在其他属性，那么该属性就没法变化，事物就静止不变，而静止不变的事物是不存在的。我们随手拿起自己的水杯，你说这个水杯是新的，它就有旧的属性与之对立，否则水杯就不会变旧。任何事物都包含着对立统一的两个方面，你出门乘公交不要过马路，回来你就要过马路。疾驰的汽车是为了尽快到达目的地停下，停下了的汽车就有启动的属性。水至清则无鱼，人至察则无徒，事物的优点隐含着缺点，优点在一定条件下也是缺点。

又如，主要矛盾的问题。我们能否说出一个事物的主要矛盾，这取决于我们对主要矛盾的概念是否真正地理解。主要矛盾是处于支配地位，在事物发展中起决定作用的矛盾，解决了主要矛盾就意味着推进了事物的发展，因此，要集中力量解决主要矛盾。换言之，解决了主要矛盾，就能将旧事物推向新事物，所以把握主要矛盾的关键在于把握旧事物与新事物的差距。教室里的立式空调，它的主要矛盾在于不是变频的，耗能高、占空间。从高中生发展为大学生，主要矛盾是当前的知识文化水平达不到国家选拔大学生的要求。

第二，矛盾观的六大原理之间的对立统一。学习知识不仅要理解知识，而且要进行知识的自主建构，需要我们对已深刻理解的个别知识形成整体的知识体系，重新建构教材知识，对所学知识重新分类、综合，形成便于运用的知识体系，即在新情境中能运用知识解决问题。因为结构具有较知识点要强得多的组织和迁移能力，我们对学科知识结构群的重新建构，有利于我们在陌生复杂的新环境中能够用综合的眼光去发现问题、认识问题和解决问题。就矛盾观而言，我们将教材中的六个原理归纳为分析、解决问题的三组原理。

第1组，侧重于认识、评价事物，由矛盾的含义与矛盾的主次方面关系原理构成一对。矛盾就是对立统一，世界上的一切事物都包含着对立统一的两个方面，因此，我们要坚持用一分为二的观点看问题，不能只看到一点。但是，矛盾双方是不平衡的，有主次之分，事物的性质主要是由主要矛盾的主要方面决定的，因此我们看事物时要着重把握主流。

第2组，侧重于解决问题，由矛盾的普遍性原理与主次矛盾的关系原理构成一对。矛盾的普遍性是指事事有矛盾，时时有矛盾，因此，我们要承认矛盾，分析矛盾，勇于揭露矛盾，积极寻找正确的方法解决矛盾。承认矛盾，不回避矛盾。是不是什么矛盾都要解决？我们精力有限，没有办法解决所有矛盾，那么着重解决什么矛盾呢？主次矛盾的辩证关系原理告诉我们，主要矛盾在事物发展中处于支配地位，起决定作用，因此，要想促进事物发展，就要集中力量解决主要矛盾。

第3组，由既可以认识事物，也可以解决问题的两个原理构成，即矛盾的特殊性原理、矛盾普遍性与特殊性辩证关系原理。矛盾的特殊性，强调事物各不相同，当然，事物不同，解决问题的方法也就不同，要求我们坚持具体问题具体分析。与之对应的是矛盾的普遍性与特殊性辩证关系原理，该原理告诉我们，一个事物无论怎么特殊，都离不开普遍性，都是普遍性的特殊表现，因此，我们可以从对一个事物的认识或解决问题的方法中获得经验，并可以推广到其他事物上。矛盾的特殊性强调不同，反对一刀切；矛盾的普遍性与特殊性的关系原理，强调不同事物有共性之处。所以认识事物、解决问题可以试点、抓典型、总结经验。当然，这两个原理最终都是为了解决问题。

将上述知识结构通过画图表示，就更加简洁明了。

> 认识事物：矛盾就是对立统一（坚持一分为二的观点）⟷ 矛盾的主要方面与次要方面（抓主流）
> 解决问题：矛盾的普遍性（不回避矛盾，解决矛盾）⟷ 主要矛盾与次要矛盾（抓重点、关键）
> 既认识事物也解决问题：矛盾的特殊性（具体问题具体分析）⟷ 矛盾的普遍性与特殊性（试点、抓典型）

这样，哲学原理之间的差异与联系都被揭示出来了，知识呈现出内在的张力,即知识并不是孤立的,知识之间有相互依赖、不断深化的内在关系。这也很好地解释了矛盾的普遍性与特殊性的辩证关系原理是关于事物矛盾问题的精髓。

第三,矛盾观的有关原理对我们能力、品德提升的意义。在建构知识、运用结构的基础上,将知识转化为学科素养,突出表现在我们认知能力、品德修养和实践能力的提升上。

矛盾观提升我们的认知能力。通过对知识的运用结构的概括,我们不仅掌握了具体知识的运用情境,也掌握了观察具体情境的认知方法。比如,矛盾的含义与矛盾的主次方面原理是解决如何认识或评价事物的,面对具体事物的评价,我们就会自觉地运用一分为二的观点、抓主流的认知方法认识或评价事物,这就等于掌握了观察事物的工具,它犹如显微镜、望远镜,让我们发现了以前发现不了的问题,表达了先前表达不了的见解,由此提高了认知能力。例如,有网友要求禁止"双十一"购物节。该网友认为,网购就是透支后几个月的消费,根本不能带来消费的增长;买家是盲目购买,冲动败家,有一种不健康的消费心理;电商虚假标价,欺骗买家,毫无诚信。显然,该网友只看到矛盾的一个方面,以偏概全。这种全面否定"双十一"网购的观点是不对的,总的来说,"双十一"网购对经济的拉动是主流,而其存在的问题是支流。

矛盾观提升我们的品德修养。知识是人类实践的智慧结晶,知识作为实践中产生的精神产品,必然凝集着人类改造世界的勇气和面对现实世界的批判精神,也蕴含着人类的道德理想和崇高追求。我们要善于运用典型事例揭示知识所蕴含的精神品性,让自己在体验知识所蕴含的精神品性中提升品德修养。例如,要集中力量解决主要矛盾,抓重点、关键。这其中蕴含着人类解决主要矛盾的热情、高昂的斗志,因为主要矛盾在事物发展中起决定作用,主要矛盾的解决意味着事物的发展,意味着新事物的产生。在现实生活中,当人们发现主要矛盾时就已经看到了新事物的雏形了。比如,淮海战役中,党中央就提出"淮海一战,江北无战事"。老百姓为推动新中国的成立所激发的热情至今我们仍然感受得到。为迎战高考的莘莘学子们，之所以有顽强拼搏的精神，是因为他们看到了新的人生起点。再如，具体问题具体分析是正确解决问题的关键，它蕴含着解决问题的方法是原创的，不是照搬照抄的。能很好地解决问题，不仅推动事物的发展，也有人的精神品德的善。"农村包围城市""家庭联产承包责任制""一带一路"等等，哪一个不是原创？哪一个不带来社会的进步和人民生活水平的提高？这种"至善"就凝聚在"矛盾具有特殊性，要求我们做到具体问题具体分析"的哲学原理之中。

矛盾观提升我们的实践能力。知识之所以能提升我们的实践能力，一方面，是因为知识能对事物的性状、发展趋势做出正确的判断；另一方面，知识能对我们自身需求的合理性、可能性做出正确的判断。这样，人们就能依据事物的性状及发展趋势结合自身的需求提出实践目标、方案，并付诸实施。例如，主次矛盾的辩证关系原理，要求我们不能忽视次要矛盾，要做到统筹兼顾。我们在做出某一具体行动方案时，就会对次要矛盾的解决留有余地，不至于形势变化时无法应对。知识源于实践又应用于实践，形成实践思维模式，从而提升人的实践水平。比如，我们主张具体问题具体分析，用不同的方法解决不同的问题，但在实践中获得正确的方法是很困难的，矛盾的普遍性与特殊性的辩证关系原理，给我们提供了实践路径，即在矛盾普遍性原理指导下分析矛盾的特殊性。事物虽然各不相同，但不同事物也有共性，我们可以借鉴经典案例，找出一般规律，再研究具体事物的特殊表现，做到共性与个性历史的、具体的统一。比如，社会主义市场经济，是把市场经济的优点与社会主义制度的优越性很好地结合起来，用社会主义制度的优越性弥补了市场经济的弊端，又用市场经济激活了社会主义经济的活力。

B35
辩证否定的含义及实质

生活经验

自然界的外力否定与自我否定的现象

将种子碾碎

种子发芽

鸡蛋被打碎

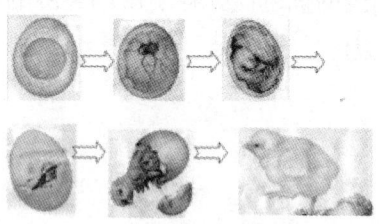

鸡蛋孵化出小鸡

 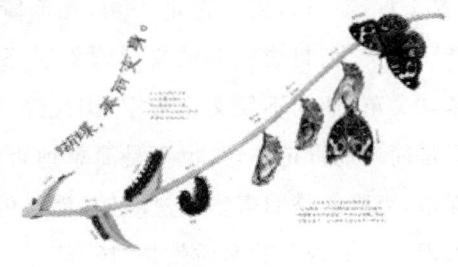

毛毛虫被踩死　　　　　　　　毛毛虫变成蝴蝶

比较形而上学的否定与辩证否定的不同

外力否定,是对事物的终结。自我否定,不是自我休止,而是自身发展了。辩证的否定是自己否定自己,自己发展自己。辩证的否定是事物发展的环节,是实现新事物产生和促进旧事物灭亡的根本途径;辩证的否定是事物联系的环节,新事物吸取、保留和改造旧事物中积极的因素作为自己存在和发展的基础。

红卫兵破除"四旧"

八届十一中全会后,红卫兵运动迅猛发展。红卫兵运动最初是破除"四旧"(即所谓旧思想、旧文化、旧风俗、旧习惯),随后发展为抄家、打人、砸物。无数优秀的文化典籍被付之一炬,大量国家文物遭受洗劫,许多知识分子、民主人士和干部遭到批斗。红卫兵运动对社会秩序和民主法制的破坏,引起各地党组织和许多干部群众的不满和抵制。但是,这种不满和抵制当时却被认为是执行了"资产阶级反动路线"。

八亿人民八台戏。1967年恰逢毛泽东《在延安文艺座谈会上的讲话》发表25周年,5月1日至6月17日,江青在北京举办了"八大革命样板戏汇演",京剧《智取威虎山》《红灯记》《沙家浜》《奇袭白虎团》《海港》,芭蕾舞剧《红色娘子军》《白毛女》以及交响乐《沙家浜》等八大样板戏集中献演218场,历时一个多月,观众多达33万人次。

从文化发展的角度来看,"文革"是在割断文化发展的血脉、文化发展的根基。从哲学的角度来看,"文革"的哲学特征是在绝对不相容的对立中思维,要么肯定一切,要么否定一切,无产阶级的文化就是无产阶级的文化,与资产阶级文化、封建社会的文化没有关系,这就抛弃了无产阶级文化的传统根基,"文革"期间不仅文化凋零,国民经济也到了崩溃的边缘。辩证的否定,既不是简单地肯定一切,也不是简单地否定一切,而是既肯定又否定,既克服又保留,克服的是旧事物中过时的、消极的内容,保留的是旧事物中积极合理的因素。辩证否定的实质就是"扬弃"。

生活智慧

如何对 iPhone 进行否定?

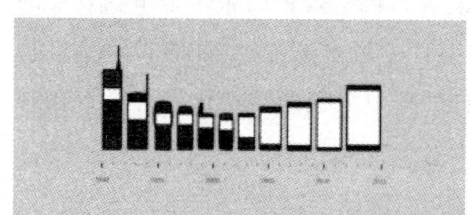

破的、烂的、开不了机的、打不了电话的手机,都可以换不锈钢脸盆。这是手机的自我否定吗?

不是,这是外力的否定。

空调冰箱变旧了,报废了,是外力的否定,不是自我的否定。人造物的自我否定实际上是人的原有实践水平的突破。所以,人造物也呈现出自我否定、自我发展的特点,因为,你不对自己的实践水平进行否定,别人却在不断提高实践水平,别人在推出新产品,你的产品就会被淘汰,这并不以我们的意志为转移。

生活境界

人的自我否定

所谓成长　就是不断否定以前的自己

有句歌词唱得好　是我们改变了世界　还是世界改变了我和你

以前觉得自己能改变所有人的看法

后来发现这不现实　那就退而求其次吧

能改变周围人的看法也不错

后来才知道　当初有多幼稚

也许自己能做的就是改变自己

……

一次蜕皮　一次成长

人生就像雕琢玉器

损而又损　方能成器

为道如此　为人亦如此

人的每次自我否定都是人与世界关系的相互融洽,也是逐步摆脱自我中心,由"小我"走向"大我"的过程,这主要是在人的生活实践中完成的。我觉得婚姻对人的影响巨大。一个具有不同世界观、人生观、价值观的人与你生活在一起,能从对方获得不同看世界、看人生、看社会的视角,并能清楚地反映出自己的缺点,由此我们会对自身世界观、人生观、价值观不断调整、改造,不断完善自我。

C36
◎ 坚持辩证否定观，树立创新意识 ◎

生活经验

是什么阻止了我们的创造性思维？

我们的自然本性中有无创新意识？假如2015年刚出生的婴儿，经过时空隧道进入3015年的人类社会，他（她）能成长并适应该时空的人类生活吗？我想答案是肯定的。我们可以看到自然人的巨大潜力，同时我们也看到社会对自然人潜力的开发起决定作用。同样的，2015年刚出生的婴儿，经过时空隧道进入1015年的人类社会，他（她）能成长并适应该时空的人类生活吗？我想答案也是肯定的。这个思想实验证明了老子的思想是对的，柔弱的婴孩是强大的，柔弱才有生命力。而如果我们将2015年最伟大的社会人（如科学家）置换到1015年或3015年的时空里，又会发生什么情况呢？他只能是异端，或是"古董"，当他失去了原先存在的场域，就再也没有那种随心所欲、天地人神合一的澄明之境了。

阻止我们创新的恰恰是我们在后天不断学习的知识理论，当思维被这些思想理论禁锢的时候，我们也就失去了创新意识。创新是对既有理论、实践的突破，要创新就要有批判和发展。要密切关注变化发展着的实际，敢于突破与实际不相符合的成规陈说,敢于破除落后思想观念;注重研究新情况,善于提出新问题,敢于寻找新思路,确立新观念,开拓新境界。

生活智慧

为什么要树立创新意识?

因为事物自身会否定自己,自然物如此,社会如此,人也如此,"士别三日当刮目相待",如果我们还用老眼光看新事物,就会犯错误。客观事物不断更新,我们的主观认识也要不断追寻客观事物的变化,否则主观与客观就不能符合。所以说,树立创新意识不是追求时髦的话语,而是要生存,否则神经错乱,客观实际与主观认识全乱套了。

生活境界

东方的辩证思维与西方的逻辑思维

学者们常常用辩证思维来描述东方人,尤其是中国人的思维方式;用逻辑思维或者分析思维来描述西方人,尤其是欧美人的思维方式。在他们看来,中国人的辩证思维包含着三个原理:变化论、矛盾论及中和论。变化论认为世界永远处于变化之中,没有永恒的对与错;矛盾论则认为万事万物都是由对立面构成的矛盾统一体,没有矛盾就没有事物本身;中和论则体现在中庸之道上,认为任何事物都存在着适度的合理性。对中国人来说,"中庸之道"经过数千年的历史积淀,甚至内化成了自己的性格特征。与中国人的辩证思维不同,西方人的思维是一种逻辑思维。这种思维强调世界的同一性、非矛盾性和排中性。同一性认为事物的本质不会发生变化,一个事物永远是它自己;非矛盾性相信一个命题不可能同时对或错;排中性强调一个事物要么对,要么错,无中间性。西方人的思维方式也叫分析思维,他们在考虑问题的时候不像中国人那样追求折衷与和谐,而是喜欢从一个整体中把事物分离出来,对事物的本质特性进行逻辑分析。

正是因为思维方式取向的不同,在不少情况下,东方人和西方人在对人的行为归因上往往正好相反:美国人强调个人的作用,而中国人强调环境和他人的作用。比如心理学家彭凯平等人研究了美国人和中国人对两起谋杀事件的归因,就发现中国人倾向于把事件归因于周围的环境,而美国人则认为是凶手本人的特征造成的结果。

想更全面地理解东西方文化的差异,还必须对这两种文化系统做更深入的分析。这种分析应该考虑到历史、经济、政治和文化的韧性等诸多因素。

首先,从社会背景上讲,古希腊社会强调个人特性和自由,是一种以个人主义为主的社会;而古代中国社会却强调个人与社会的关系,是一种以集体主义为主要特征的社会。这两种不同的强调重点决定了相应的哲学信念,并导致对科学和哲学问题的不同回答。这些问题包括:连续与非连续性;场与客体;关系和相似性到分类与规则;辩证与逻辑等。

其次,从社会认知系统上讲,东西方不同的哲学和认识论在社会历史背景中建构了不同的心理学理论。中国人生活中复杂的社会关系使得他们不得不把自己的注意力用来关注外部世界,所以中国人的自我结构是依赖性的;相反,西方人生活的社会关系比较简单,所以他们更有可能把自己的注意力放在客体和自身的目标之上。中国人的认知以情境为中心,西方人则以个人为中心;中国人以被动的态度看待世界,西方人以主动的态度征服世界。

最后,从生态背景上讲,中国文化基于农业社会,这种社会是一个复杂的等级社会,强调等级与和谐;而希腊文明则不完全依赖于农业,由于生态环境的原因,他们对狩猎和捕鱼的依赖度较高,这些产业对个人特征的要求更高,所以与这种生态环境相适应,西方人的思维取向是个人式的,与中国人人际式的取向不同。这两种思维系统的维持和社会实践紧密地联系在一起,因而二者是一种互相促进的关系:思维系统引领社会实践,同时社会实践也强化着思维系统。

B37
◎ 社会存在与社会意识的辩证关系 ◎

生活经验

社会热词——壁咚

2015年的热词,除了"人丑就要多读书"外,还有"壁咚"。壁咚这个词源于日本,指的是男性把喜欢的女性逼到墙角,用手靠住墙壁发出"咚"的一声,下一步基本就是接吻或其他了。这个浪漫的词,为什么会在2015年热起来呢?是因为德国总理默克尔遭希腊总理"壁咚"了。当地时间2015年10月25日,欧盟在比利时布鲁塞尔召开小型峰会,讨论如何应对欧洲难民危机。希腊总理齐普拉斯与德国总理默克尔靠着墙壁商榷计划,不过,这一场面被媒体戏称为"壁咚"。

生活智慧

社会意识的相对独立性

社会意识的相对独立性与意识的能动作用是什么关系?是共性与个性的关系。社会意识是意识在社会领域的特殊表现,因此社会意识的相对独立性就是意识的能动作用在社会领域内的表现。意识能动地认识世界,能揭示事物的本质和规律。与之对应的是,社会意识对社会存在的反映,可以先于社会存在,也可以落后于社会存在。意识能够能动地改造世界,与之对应的是,先进的社会意识可以促进社会存在的发展,落后的社会意识可以阻碍社会存在的发展。但笔者以为,社会意识与意识还是有一定差异的,意识尤其指我们的认识,侧重于"真",即有正确的意识与错误的意识之分。而社会意识在社会领域对社会生活产生影响,所起的作用是对社会公平正义、人民生活的改善等方面的影响,侧重于社会生活的"善"。

正确的意识与先进的社会意识?

正确的意识是对事物的如实反映吗?人的意识不可能如实反映,真理也不是如实反映,真理都是具体的、有条件的,意识是能动的反映,是主观反映。与其说,先进的社会意识能促进社会存在的发展,还不如说,能促进社会存在发展的社会意识是先进的社会意识。

首先,对一个事物的认识没有绝对的正确,真理总是具体的、有条件的。社会意识作为一种主观认识,可能对事物发展有利的一面有所侧重,也可能对事物发展有阻碍的一面有所侧重。

其次,社会意识的侧重点不同,对社会产生的影响不同,正能量的社会意识能引导社会和谐稳定,对个人的生活幸福有积极意义。比如,现在有许多富人移民,有很多孕妇到美国产子,为了后代获得美国国籍。舆论既可以侧重美国空气污染少,生活成本低,医疗、社会保障都比中国好;你也可以侧重于国内社会更安全、有亲情、大中华美食可以享用不尽,有逛不尽的商场,人口众多,热闹非凡。这两方面都是事实,显然前者不利于社会稳定,甚至有反政府的情结;后者对无法移民的大多数老百姓来说是有利于心理安顿的。

生活境界

推倒柏林墙的人

1989年11月9日之前,沙博夫斯基籍籍无名。他是东德执政党"德国统一社会党"的普通官员,是这架庞大机器上的一枚螺丝钉。但这天之后,他的一个"错误"产生蝴蝶效应,直接推翻了柏林墙,加速了民主德国的倒台,促进了两德统一。这一切,都要从那天的一个新闻发布会说起。

一个措手不及的提问

1989年11月9日下午6点,乌泱泱的东柏林人结束了一天的工作,回到各自的家中。在伯恩霍莫大街边境哨所(东西德人群来往的主要哨所)执行看守任务的哈拉德·雅格尔中校,正要去餐厅吃晚餐。

餐厅里的电视机正在直播一场记者招待会,就在发布会将要结束的时候,意大利安莎通讯社的记者里卡尔多·埃尔曼向媒体官员君特·沙博夫斯基提问:"沙博夫斯基先生,您刚才谈到了错误,那么您是否认为,你们前几天所起草的旅游法草案,也是一个极大的错误呢?"

这一问题让沙博夫斯基措手不及。

沙博夫斯基翻动着桌前的资料,寻找他应该宣读的文件,翻找了好一阵。一位助手递给他一份文件,他戴上眼镜,念到:"公民可以自由申请私人出国旅游,而无须符合任何旅行或者探亲状况的先决条件,申请将会很快得到批准。"

在场的记者目瞪口呆。另一名西德记者大喊着追问道:"这将何时生效?是从现在开始吗?"

沙博夫斯基一字一句、有些笨拙地说:"就我所知……现在,马上。"

两个记者又追问到:"这也适用于西柏林吗?"沙博夫斯基回答到:"是的,是的,都可以永久性离境。"

随后,沙博夫斯基合上文件,离开了现场,留下一屋子错愕的记者。

一个改变历史的夜晚

"立即生效!"雅格尔中校惊讶地从饭桌边跳起来,感到一阵窒息,"难道他们的脑子坏掉了吗?"心急如焚的雅格尔中校扔下晚饭,赶忙奔向哨所。

当晚各大媒体的头条都是:东德人民可以自由地离开这个国家,柏林墙上的大门打开了!

东柏林人沸腾了,这个天大的好消息来得太突然。激动的人群浩浩荡荡地向各边境站集结,要求前往西德。

声明发布短短20分钟之后,雅格尔中校便看到一群人向哨所涌来,有步行来的,有坐电车来的,也有开车来的。人们喊着,"开放边界,打开大门",态度坚决。

有官员让他们出示护照和签证,这群人说:"我们没有这些文件。你没有听见沙博夫斯基说的话吗?他说我们可以立即离开!"

错乱的边防军不知是否可以使用致命武器。曾经有200多人命丧穿越柏林墙的路途。寡不敌众的边防军难以招架越来越多的人群,终于,在当晚22点45分,边防放弃了阻拦,允许人们自由出境,不需出示任何证件。

顷刻间,压抑的洪水突破了柏林墙。在另一边等候多时的西德人热情欢迎,向涌入的同胞献上鲜花、香槟和水果,陌生人相互拥抱,不少酒吧提供免费啤酒,边界洋溢着欢庆的气氛,许多人爬上柏林墙欢呼。

为什么要加强舆论导向工作?不要小觑社会意识的作用,一句话能推到一堵墙。社会意识是什么?什么叫奔走相告?什么叫一呼百应?什么叫排山倒海?什么叫势不可挡?没有流血,没有暴力。横亘28年,见证东西两德意识形态对峙的柏林墙,一夜之间倒塌了,这就是社会意识的巨能量。

究竟是谁推倒了柏林墙?是沙博夫斯基的一句话吗?如果你这样认为的话,则夸大了社会意识的反作用。社会意识的反作用再大,也是由社会存在决定的。是东德政府的所作所为,没有让东德人民过上幸福的生活,东德与西德的经济、社会发展差距越来越大,人民对现实生活不满意;人民有追求幸福生活的权利。所以,在根本上,是东德人民推倒了柏林墙。所以,一个政党必须想群众所想,必须为人民谋幸福,才能得到人民的拥护。

A38
◎ 我国社会主义改革的根本目的 ◎

生活经验

社会生活的本质是实践

社会向前发展绝不是自然而然的事,而是在人类劳动中开启的。我们可以用马克思的剩余价值理论来说明。一个人的劳动可以生产出满足他个人需求之后的多余产品,因此,生产力水平的不断提高,就可以让越来越多的人从事文学、艺术、政治、外交等活动。物质财富、精神财富的极大丰富,人们有更多的自由支配的时间,个人获得更广泛的自由。

生活智慧

改革是推动社会进步的强大动力

因为,改革的根本目的,就是使生产关系适应生产力的发展,使上层建筑适应经济基础的发展。即把阻碍生产力发展的生产关系进行变革,把阻碍经济基础的上层建筑进行变革,由此必然推动社会进步。因此,改革是推动社会进步的强大动力。

政府下放行政审批权

市场在资源配置中起决定性作用,其背后是无形的手——价值规律在起作用。价格涨跌能及时反映供求关系变化,由此调节生产规模,实现资源的有效配置。政府下放行政审批权就是减少行政对市场调节的不当干预,让市场真正在资源配置中起决定性作用。

政府下放行政审批权,以改革的视角看,应该是变革不能适应经济基础的上层建筑,使上层建筑能更好地为经济基础服务。

生活境界

做一个实践唯物主义者

唯物主义认为物质是第一性的,在历史唯物主义者的眼里,这里的物质又是什么呢?你可能说:"是社会存在。"不错,但具体而言,社会存在又有哪些呢?自然地理环境、人口因素、生产方式,三种之中哪一个最为关键呢?我认为是生产方式。就自然地理环境而言,资源丰富而贫穷的国家太多了,如委内瑞拉、墨西哥等。我国改革开放前与改革开放后,社会面貌发生了翻天覆地的变化,同样的人民,其原因是实践水平不同。实践是认识的基础,事物的本质不会向我们敞显,只有人类实践才能将事物"打开"。只有实践才能创造财富,马克思的剩余价值理论充分地说明了这一点。一个人通过劳动不仅能养活自己,而且还能养活别人。我的父母都是农民,他们为了改变生活面貌起早贪黑,父母常说:"力气用掉,又来了。"朴实的话语中道出了中国农民的勤劳与坚韧,还略带农民意识中"赚到便宜的小欢欣"。其实,这是马克思的"劳动价值论"的最通俗、最质朴的表达。

B39
◎ 人民群众是历史的创造者 ◎

生活经验

历史罪人的意志能主宰历史吗？

英雄人物的意识是社会存在的反映，对社会历史有推动作用的历史英雄也属于人民群众。所以，历史英雄在历史中的贡献与人民群众是历史的创造者并不矛盾。问题的关键在于，对历史有阻碍作用的历史人物的意志，其错误意志能主宰历史吗？

进一步追问，我们发现，历史罪人的意志谁在执行？他一定有几个铁杆兄弟并拥有很强的实力，想要让他们服从命令，就得"公平""公正"，施以"仁义"，要想统治得长久，就得向民众施以仁义。因为，阻碍历史发展就是阻碍历史发展规律，人民会从沉默到忍无可忍再到揭竿而起，所以，历史罪人无法根据自己的意志阻碍历史发展的车轮。没有谁的意志能阻碍历史的发展；没有人能将人民长期带入贫困、不公正、暴力、歧视、压迫，这里是谁的力量？人民的力量。荀子说，水能载舟亦能覆舟；孟子说，民贵君轻。《史记》中说："一夫作难而七庙隳，身死人手，为天下笑者，何也？仁义不施而攻守之势异也。"仁义，对谁仁义？人民！谁让历史人物对民众施以仁义？人民！

生活智慧

谁创造了历史?

首先,这个问题涉及人类的历史究竟是什么的问题。人类的历史实际上是人类实践的历史。主要有两点理由:第一,社会生活的本质是实践,没有实践就没有人类生活的历史;第二,人类社会的运动是有规律的,运动的物质载体是人类实践活动,它包括生产力和生产关系。

其次,对这个问题接下来的追问就是,谁是社会实践的主体?谁实践,谁就是历史的主人。毫无疑问,无论是物质财富的创造,还是精神财富的创造,乃至社会变革的决定力量都是人民群众。因此,人民群众是历史的创造者,是社会实践的主体。

生活境界

习近平访美演讲:中国梦是人民的梦

上世纪60年代末,我才十几岁,就从北京到中国陕西省延安市一个叫梁家河的小村庄插队当农民,在那儿度过了7年时光。那时候,我和乡亲们都住在土窑里、睡在土炕上,乡亲们生活十分贫困,经常是几个月吃不到一块肉。我了解乡亲们最需要什么!后来,我当了这个村子的党支部书记,带领乡亲们发展生产。我了解老百姓需要什么。我很期盼的一件事,就是让乡亲们饱餐一顿肉,并且经常吃上肉。但是,这个心愿在当时是很难实现的。

今年春节,我回到这个小村子。梁家河修起了柏油路,乡亲们住上了砖瓦房,用上了互联网,老人们享有基本养老,村民们有医疗保险,孩子们可以接受良好教育,当然吃肉已经不成问题。这使我更加深刻地认识到,中国梦是人民的梦,必须同中国人民对美好生活的向往结合起来才能取得成功。

中国梦是人民的梦。我们无须上升到政治层面来谈中国共产党的性质,从哲学视域看,每一个政权都要认真对待民意。孔子说,出门如见大宾,使民如承大祭。就是说,出门办事要像接待贵宾一样恭敬认真,役使百姓要像举行祭祀大典一样谨慎。更何况共产党领导的国家,是人民当家作主的国家。所以,党的一切工作都是为了造福人民。党始终把实现好、维护好、发展好最广大人民的根本利益作为一切工作的出发点和落脚点,坚持人民主体地位,发挥人民首创精神,做到发展为了人民、发展依靠人民、发展成果由人民共享。

B40
坚持群众观点和群众路线

生活经验

得民心者得天下

孟良崮战役中,国民党整编第 74 师及整编第 83 师一个团共 3 万余人全部被歼!蒋介石痛失虎将,哀叹 74 师被歼是他"最可痛心、最可惋惜的一件事"。战争胜负根本原因不在于军队的强弱,而在于民心向背。是沂蒙山民众对共产党军队的支持保证了共产党军队在战争中取得胜利。当时的民众口号是:一粒粮做军粮,一寸布做军装,最后一个儿子送战场。老百姓连儿子都不要了,送给共产党了,人民军队战无不胜。

生活智慧

群众观点与群众路线的异同

群众观点的基本内容是:相信人民群众自己解放自己,全心全意为人民服务,一切向人民群众负责,虚心向人民群众学习。群众路线的基本内容是:一切为了群众,一切依靠群众,从群众中来,到群众中去。群众路线是无产阶级政党的根本领导方法和工作方法。

群众观点是对群众的根本看法,你认为群众怎么样?伟大不伟大?有没有强大的力量和无穷的智慧?群众路线,是党的工作依靠谁、为了谁,怎样才能制定出正确的方针政策?群众观点与群众路线也是中国共产党的观点和路线,因此,使用该原理时,材料呈现的往往是与中国共产党有关的材料。

生活境界

群众情怀:佚名的作品

古今中外的文化史上,我们可以发现,许多伟大作品的署名却是"佚名"。"佚名"其实是失去了名字的意思,更有可能的情况是这些作品是广大人民群众集体创作的结晶,具体作者也就不可考了。例如,《诗经》应该是劳动人民唱出的歌谣,《古诗十九首》也应该如此。

我的哲学小品文

感受"佚名"

常读到一些优秀的文学作品、名言警句,听到一些音乐,欣赏到优秀的画作,发现署名却是佚名,就有一种莫名的感动。所谓佚名就是作者的名字已经遗失,连姓氏也无从知晓,作品是无名氏的。从当今社会的追名逐利、物欲横流的世俗人生来看,他们的损失太大了。能留下一部精神作品,想必作者经历了无比艰辛的精神劳作,能流传至今的作品也算是经典了,能震撼我们的灵魂,作品是不朽的,但作者却不为我们所知,对作者来说,历史太不公允了,是个人名誉的重大损失。

那么，究竟会是什么人会成为佚名作者呢？我没有作考证，因为是佚名，也就无法考证，只能臆测了。我想佚名作者一定是地位低下的普通百姓，南北朝的陶渊明只是射阳县令，名号都留下了。无锡的瞎子阿炳，穿长衫、站着喝酒的孔乙己，向往革命的阿Q，三者之中孔乙己应该是最幸运的了，不管孔乙己是否是他的真实姓名，但毕竟孔姓是真实的，在某种程度上类似于"孔子""孙子"等名号。而阿炳、阿Q，他们的姓肯定不是阿，而是江南一带对人的"小叫"。但毕竟还有"小叫"，有一个符号作证，鲁迅还为阿Q写了正传。像唐代流行于蒙古、新疆一带的胡笳十八拍的作者就无从知晓，据传是东汉女诗人蔡文姬所作，其可信度极小。据最新考证，《红楼梦》后四十回作者不是高鹗，真正作者也无从知晓。由此可见，佚名作者大概是地位低下的两种人：一是古代妇女，二是地位低下的文人。中国古代崇尚女子无才便是德，有许多天才女子写了作品，流传出去，但无人知晓她们，有时会加在当时有名望的女子名下，胡笳十八拍极有可能是这种情况。还有些穷迫潦倒的文人，写出作品无钱刊印，只能经别人之手，最后以讹传讹，《红楼梦》后四十回被认为是高鹗所作可能就是这个原因。

相比而言，署名佚名，要比写错作者要公允得多。即便写错了作者，但作品毕竟流传了下来，别人沾了名誉，作品中所包含的思想感情、人格信仰都是自己的，这也算是一种安慰吧。作品能永存，作品的作者精神就永存，比起那些从事物质资料生产的劳动者来说，佚名作者就是历史的宠儿。什么人最容易在历史中湮没？就是那些物质资料的生产者。自己的精力、智慧都用来创造吃穿住用行等物质财富了，物质财富被消费掉了，他们的劳动找不到任何踪迹。有一首歌叫《时间都去哪儿了》，时间都去哪儿了？芸芸众生的时间都用来赚钱了，钱消费掉了，他们找不到时间去了哪儿，只留下两鬓苍白、满面沧桑、一副朽骨。

精神财富也会被消费，但精神财富越被人消费，其生命力越强，历久弥新，越发丰富。所以，那些文学家、艺术家、思想家，他们的时间都凝聚成作品了，变成了永恒。法国哲学家福柯说过这样的一句话，大概是：当时间小偷进入艺术家、思想家的房间里偷取他们的时间时，他们倚在门边偷偷窃笑，小偷翻箱倒柜，所有的箱柜都空空如也，他们的时间全部凝结成永恒的作品了。他们的作品挂在世界各地的博物馆里被人们欣赏，他们的作品被人们反复搬上舞台演出，他们的作品反复被世界各地的学者研究挖掘。有一句话说得好，文章千古事，做官一时荣。汉代的皇帝没有人说得全，司马迁的《史记》却光芒万丈长。思想家、艺术家、文学家们生前所经历的磨难与死后所享受的荣耀相比真算不了什么。司马迁受腐刑；李白一生做不到官；李清照半生漂泊，中年还被骗婚；还有零丁洋里叹零丁的文天祥。他们的受辱、蒙羞、不得志、感叹等等与他们精神的永存相比几乎不值一提。历史在这里似乎是公允的，刘亮程没有生活的艰辛就没有《寒风吹彻》，史铁生没有残疾就没有《我与地坛》，梵高没有穷困潦倒就没有生活的渴望，也就没有生命力勃发的绚烂色彩。

　　真正消失在历史长河中的是劳动群众。他们日复一日地劳作，他们耕地种粮、纺纱织布、行船走马，最后，种的粮食被吃了，做的衣服穿破了，赚的利润花光了。他们似乎什么也没有留下，没有哪朝史官会记载他们平凡的人生，但他们的劳作却换来人类生存所需的食物、衣服、生活用品，人类正因为有了他们才得以繁衍生息。由此看来，佚名作者虽令人可惜，但普通大众更令人感伤，愿上苍能秉持历史的公允，让大众享有世俗的平静与欢愉，拥有无忧的童年和安详的晚年。

B41
人的价值的内涵及其评价

生活经验

物的价值与人的价值

物的价值,即物对人的生活的积极意义。一头猪的价值就是这头猪对人的生存带来的积极意义,具体说,就是可以满足多少人饱餐一顿,为多少人的生存提供营养。物的价值在一定历史阶段是有限的。一个人的体重不及一头猪,但人的价值绝不是一百多斤重的肉的价值,一个人可以养一百头猪,养猪人的价值在于他养了多少头猪,为社会提供了多少猪肉。所以,人的价值在于创造价值,人的价值是无限的,一位美国海军次长认为:"钱学森无论在哪里都抵得上五个师。"

人的社会价值与自我价值

人的价值在于创造价值,在于对社会的责任和贡献。一个人的存在,能够给他人、社会的发展提供帮助,这是人的社会价值。同时,人也是价值的需求者,一个人生存和发展需要社会、他人提供帮助,需要社会给他荣誉,所以说,人既是价值的创造者,又是价值的享有者。

生活智慧

为什么对一个人的价值评价主要看他的贡献？

首先，没有创造，索取成了无源之水、无本之木。一个人向社会索取的利益都是他人创造的财富，所以没有贡献也就没有索取。

其次，个人的创造逻辑在先。社会之所以给你荣誉、地位、待遇，是因为你工作的需要，是因为你创造了更大的价值。如果袁隆平没有研究杂交水稻，也就没有"杂交水稻之父"的美誉；屠呦呦没有研究抗疟疾新药，就不会获得诺贝尔生理医学奖。

最后，评价的准确性源于贡献，而不是索取。袁隆平获得国家最高科技奖奖金500万，500万能准确评价袁隆平的价值吗？多了？还是少了？多了扣除一点，少了加一点行吗？不行，评价是主观性的，真正准确的是他扎扎实实地做了些什么，做、实践具有客观物质性，准确无误地展现了人的价值。

生活境界

羡慕、嫉妒、恨与尊敬、敬慕、敬仰

我们可能会羡慕"歌二代""官二代"开豪车，做大生意。世俗社会评价一个人混得好不好，可能看薪水、房产、地位、名誉等。但我们是真心认同吗？我们只是感叹自己没有这么好的机会、好的出生，或者是祖辈没有大量的遗产。我们只是羡慕、嫉妒、恨，而不是尊敬、敬慕、敬仰。相反，我们提到邓稼先，我们提到那些普通的劳动者，在平凡的岗位上做出了不平凡的业绩，我们会由衷地心生敬仰之情。其实，我们每一个人对一个人的价值评价，主要还是看他的贡献，看他对社会发展和人类进步事业的贡献。

B42 价值观的导向作用

生活经验

80年代，大学生张华救老农牺牲

1982年7月11日，因救不慎跌入化粪池的69岁老农魏志德，第四军医大学空军医学系大学三年级学生张华年轻的生命打上了句号，年仅24岁。牺牲之后，他被中央军委追记一等功，授予革命烈士称号。他的事迹也引起了几乎所有的主流媒体的关注和广泛报道，而一场围绕着张华的争论也在全国大学生和整个社会中展开。

有人提出这样一个问题：年轻大学生救年迈老农而牺牲，值不值？并认为，就社会价值而言，一个大学生一般来说能比一个老农对社会做出更大的贡献。一句话，大学生的社会价值比老农的社会价值高，一命换一命对于社会来说是亏本投资，所以张华救老农不值得,是"金子"换"石头"。

价值观不同,对同一件事的评价不一样。

有人认为张华救老农不值得,是"金子"换"石头"。其价值观是什么呢?是从社会创造出来的财富数量来衡量的,张华作为医科大的学生,工作以后能用所学医术拯救无数人的生命,而一位风烛残年的老人只能消耗社会财富,给社会增加负担。

有人认为张华救老农值得,其价值观又是什么呢?这是从人类社会存在的精神高地的角度来看的。如果一个人见到自己的同类即将失去生命不援手相救,他就丧失了人性,即使他有再大的本领,一个对生命如此漠视的医生,他能做到救死扶伤吗?如果一个社会以人的本领高低论英雄,那么弱势群体还有存在的空间吗?你不是智力超群,也不是艺术上的天才,那么你就面临被消灭的境遇,最终会危及我们每一个人。张华救老农之所以值得,是因为他在那个道德滑坡的社会里重新唤起人性,唤起道德良知,他用生命挽救了一个社会不能丧失的人的道德与尊严。

生活智慧

价值观是人生的重要向导

人的社会存在决定了他的价值观,一个人的价值观是在家庭环境、社会交往,特别是他的社会实践中形成的。反过来,价值观对人的社会实践也会产生重要的导向作用。比如,有人认为,拥有大量的财富,就会有幸福的人生,财富越多,人生价值越大。在这种价值观的支配下,他有可能走向经商的道路,因为这是一条合法致富的有效途径。有人认为,只有拥有权力才能干出一番大事业,他的人生选择可能是从政。还有人认为,从事培养人的事业是在做最大的善事,他的人生选择可能是从事教育事业。

价值观只起导向作用,不起决定作用。一个人能否经商、从政或者是做学问,起决定作用的是社会客观条件。比如,许多教师并不认为自己的人生价值有多大,他做教师的原因可能是高考分数并不高,只能读师范,也有可能是因为家庭的压力。但是,只要客观条件有可能,主观选择就能发挥作用。马云由教师转行做电商,再用做电商赚到的钱来援助乡村教育,其背后的价值观清晰可见。

生活境界

莫言《会唱歌的墙》(节选)

细一想,我们的孩子用两种笔调写文章的现象,在某种意义上是继承了传统。在漫长的封建社会里,那些学子们,用一种笔调写应试的八股文,用另一种笔调填词赋诗写小说。做八股文是正业,关系到个人前程;填词赋诗写小说是副业,是野狐禅。《儒林外史》中鲁编修家的小姐,发现自己的新婚夫婿只会写诗根本不会写八股文,气得当场昏厥,可见不会写八股文连漂亮的小姐也不爱。那时的文人,在文学方面有所成就的,大概有两种情况:一是屡试不第,绝了科举的望,于是就通过文学的方式来抒发心中的愤懑,譬如蒲松龄。二是科场得意后,但官场上不得意,被贬到天涯海角,但饭还能吃饱,闲来无事,就写诗填词,发泄感情,打发岁月,如苏轼等人。当然流芳百世的是他们的诗词小说,而不是让他们金榜题了名的八股文章。当然,考中了举人进士的人成千上万,但大都在历史的长河中湮灭了名字,蒲松龄的名字却永垂不朽。我们的孩子,一旦考上大学之后,大概再也不会用那种笔调写那种应试文章,就像用一块砖头敲门,门敲开了,砖头肯定要扔掉。90年代的语文教育,实在不应该为了帮学生雕琢一块砖头费这样大的力气。

价值观是人生的重要向导。选择什么样的人生道路、什么样的生活方式都是在一定的世界观和价值观的指导下进行的。莫言获得诺贝尔文学奖并非偶然,这篇文章是莫言20多年前写的,文章中对一个文人、一个作家的价值评判清晰可见,对金榜题了名的八股文章嗤之以鼻,而对发泄感情的诗词小说大加赞赏,他认为这样做可以流芳百世,显然,他也是在这种价值观指导下进行写作的,可以说,莫言20多年前就想流芳百世。

汪精卫,原名汪兆铭,字季新,笔名精卫,历史上多以"汪精卫"称呼。他曾谋刺清摄政王载沣，袁世凯统治时期到法国留学，回国后于1919年在孙中山领导下，驻上海创办《建设》杂志。1921年，孙中山在广州就任非常大总统，汪精卫任广东省教育会长、广东政府顾问，次年任总参议。于抗日战争期间投靠日本，沦为汉奸。1944年在日本名古屋因"骨髓肿"病死。

流芳百世与遗臭万年不是能力的差异，而是人生价值观的差异。从能力上看，能遗臭万年的人也能流芳百世，能流芳百世的人也能遗臭万年。汪精卫作为一个政客，具备流芳百世的能力，但他却遗臭万年了，这条人生道路是他自己选择的结果，他为什么要做这样的选择？价值判断是价值选择的基础，是他的价值观造成的。因此，树立正确的价值观对一个人来说是非常重要的事。

A43
◎ 正确的价值判断和价值选择 ◎

生活经验

先价值判断后价值选择

鱼,我所欲也;熊掌,亦我所欲也,二者不可得兼,舍鱼而取熊掌者也。生,亦我所欲也;义,亦我所欲也,二者不可得兼,舍生而取义者也。生亦我所欲,所欲有甚于生者,故不为苟得也;死亦我所恶,所恶有甚于死者,故患有所不辟也。(《孟子·告子上》)

之所以选择熊掌,是因为我更想要熊掌,即熊掌与鱼相比更能满足我的需求,也就是熊掌的价值比鱼更大。同理,之所以选择义,是因为义比生的价值更大,更能满足我的需求,是我更想要的。因此,价值选择是在价值判断基础上做出的。

价值判断的社会历史性

地沟油,泛指在生活中存在的各类劣质油,如回收的食用油、反复使用的炸油等。地沟油最大来源为城市大型饭店下水道的隔油池。长期食用地沟油可能会引发癌症,对人体的危害极大。

你认为地沟油有没有价值?当地沟油被用在餐桌上,是对人体有害的,没有价值。但是,随着科技的发展,对地沟油再加工,把它用在其他方面,也能满足我们的需求。

2014年2月12日,中国民用航空局向中国石化颁发了1号生物航煤技术标准规定项目批准书,这标志着国产1号生物航煤正式获得适航批准,并可投入商业使用。地沟油经过一系列转化,成为生物航煤,"地沟油上天了"。

因此,同样的事物在不同的时间、不同的地点,它的价值不同。对事物价值大小的判断具有社会历史性。

小树枝的不同燃烧方式

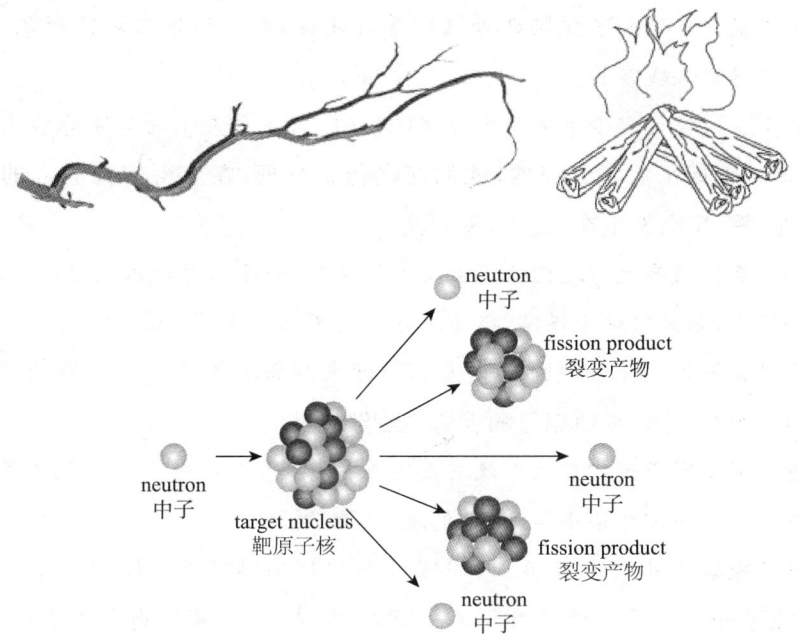

以普通的燃烧方式,一根树枝燃烧所释放的能量不能烧开一杯水。用核裂变的方式燃烧,一根树枝所释放的能量巨大。那么一根树枝究竟有没有这么巨大的能量呢?现在还没有,这只是理论上的设想。一根树枝的价值到底有多大?随着社会历史的发展,其价值是变化的。

生活智慧

对关闭小煤窑的不同看法

近年来,受利益的驱动,小煤窑非法开采,禁而不止,以致矿难频发,已经成为国民关注的焦点。为此,国务院明确提出对非法办矿的小煤窑要坚决予以取缔,然而对于关闭非法小煤窑,不同的人却有不同的看法。

小煤窑主说:"我们按时缴税,为当地经济发展做出了贡献,到头来却被关闭!"

小煤窑主认为,小煤窑有价值。他们表面上说是促进当地经济发展,实质上是为了获得暴利,在矿工生命与利润之间,他们选择了利润。

矿工说:"我们除了挖煤之外只能靠种庄稼,而一担谷只卖几十元,远远没有开采煤矿来钱容易。"

矿工是从收入多少来评判小煤窑的价值的,在个人生命与家庭收入增长之间,矿工选择了后者。当然,他们存在侥幸心理:在获得较高收入的情况下,矿难不一定会发生在"我"的头上。

一个乡镇领导说:"我们县里没有大的企业,全年财政收入的30%以上都来自小煤窑,如果取缔小煤窑,很多乡镇就发不出工资。"

乡镇领导是站在乡镇财政收入的角度来判断小煤窑是有价值的,因为,只有有了财政收入,乡镇领导的工资才能发得出。

遇难矿工家属说:"非法小煤窑没有安全保障,不该为了几个钱送了亲人的性命。国家关闭非法小煤窑,我们理解、拥护。"

矿工家属是从家庭完整、平安度日来评判小煤窑的。他们不求大富大贵,只求平安过日子,一家人生活在一起,对老人来说,家里有儿子媳妇;对孩子来说,有爸爸妈妈疼爱。

国家安全生产监督管理局:"人命关天,全国各地凡是证件不全的、不具备安全生产条件的小煤窑一律关闭。"

国家安监管理局是从政府职能、人民生命安全来判断小煤窑价值的。所以,对安全不合格的小煤窑一律关闭。

价值判断和价值选择,往往会因人的社会地位不同、需要不同而千差万别,价值判断和价值选择具有阶级性。比如,地主统治阶级与农民阶级在对待下雨的问题上就有截然不同的价值判断。正如诗歌所言:"桑条无叶土生烟,箫管迎龙水庙前。朱门几处看歌舞,唯恐春阴咽管弦。"尽管如此,价值判断与价值选择还是有其正确标准的。最重要的是必须考虑并满足最大多数人的利益要求。最大多数人的利益是最紧要的和最具有决定性的因素。把个人、集体、社会利益三者统一作为选择标准。个人利益与他人利益冲突时,要理解和尊重他人的正当选择。

生活境界

人与历史规律的关系

饮食男女本是一种自然现象,可"朱门酒肉臭,路有冻死骨"却是一种社会现象。而无论是梁山伯与祝英台的爱情传说,还是周文雍与陈铁军的爱情故事,爱情之所以如此激动人心,绝不是因为爱情是两个生物人之间的私情,而是因为爱情的社会性。"闺中少妇不知愁"所表达的和"爱你没商量"所蕴含的实际上是不同的社会内涵。文天祥的千古绝句"人生自古谁无死,留取丹心照汗青"说明,人的生与死本身属于自然规律,而生与死的意义属于历史规律。英雄与小丑、流芳百世与遗臭万年的分界线就在于:你是如何处理人与历史规律关系的。凡是顺历史规律而动、推动社会发展者,是英雄,流芳百世;凡是逆历史规律而动、阻碍社会发展者,是小丑,遗臭万年;凡是主观愿望好,但行为不符合甚至违背历史规律、壮志未酬者,是历史中的悲剧性人物。谭嗣同绝命北京菜市口,"有心杀贼,无力回天",壮志未酬,就属于历史中的悲剧性人物。所以,我们应当从人与自然、人与社会双重关系的视角去理解人,解答"人生之谜"。在我看来,这是哲学的崇高任务。

我认为,"悲剧"不仅是戏剧艺术的一种形式,也不仅是美学的一个范畴,而且是一种价值观,一种历史观。在《鸦片贸易史》中,马克思用"悲剧"这一概念揭示了东方中国与西方国家、封建主义与资本主义进行"殊死的决斗"中难以避免的失败及其客观原因。为什么?因为自然经济"玩不过"商品经济,农业生产方式"斗不过"工业生产方式,封建制度"挡不住"资本主义制度。悲剧性的事件必然造就悲剧性的人物。我们都知道,林则徐"苟利国家生死以,岂因祸福避趋之"的爱国主义胸怀和情怀,在道义上具有优势,可从历史潮流看,从历史发展趋势看,林则徐的失败难以避免,只能是壮志未酬。谭嗣同绝命北京菜市口,"有心杀贼,无力回天"。从哲学的视角看,林则徐和谭嗣同都属于历史中的悲剧性人物。

(杨耕《哲学的位置在哪里》,原载《光明日报》2015年09月02日13版)

笔者以为,能否做到"坚持真理,遵循社会发展的客观规律"与个人修养密切相关。

首先,要克服骄傲自满、妄自尊大,顺应自然规律,遵循社会发展规律。庄子说:"吾生也有涯,而知也无涯。以有涯随无涯,殆已!已而为知者,殆而已矣!为善无近名,为恶无近刑,缘督以为经,可以保身,可以全生,可以养亲,可以尽年。"

追求真理,符合社会发展规律。人不可能掌握无限的知识却自以为是大知者,自以为无所不知,就真的危险了。应把顺着自然规律去做,作为处事的法则。

其次,静以修身,俭以养德,不追名逐利,不轻浮暴躁。诸葛亮《诫子书》:"夫君子之行,静以修身,俭以养德,非淡泊无以明志,非宁静无以致远。夫学须静也,才须学也。非学无以广才,非志无以成学。淫慢则不能励精,险躁则不能治性。年与时驰,意与日去,遂成枯落,多不接世,悲守穷庐,将复何及!"

德才兼备的人,是依靠内心安静、精力集中来修养身心的,是依靠俭朴的作风来培养品德的。不看淡世俗的名利,就不能明确自己的志向,不是身心宁静就不能实现远大的理想。学习必须专心致志,增长才干必须刻苦学习。不努力学习就不能增长才智,不明确志向就不能在学习上获得成就。追求过度享乐和怠惰散漫就不能振奋精神,轻浮暴躁就不能陶冶性情。年华随着光阴流逝,意志随着岁月消磨,最后就像枯枝败叶那样(成了无所作为的人),对社会没有任何用处,等到悲凉地守着贫穷的小屋时,后悔又怎么来得及呢?

能否做到"自觉站在最广大人民利益的立场上"?

笔者以为,德性就是普通人性的善良,大多数人都能做到服从集体利益,钉子户一定是极少数人。这是自觉站在最广大人民利益的立场上的人性依据,一般人都能做到仁的要求,认识到自身的善,认识到学生的善,认识到每一个普通人的善良。

孔子就认为,仁就是推己及人,自己不愿意做的,也不应该要求别人做。子贡曰:"如有博施于民而能济众,何如?可谓仁乎?"子曰:"何事于仁?必也圣乎!尧舜其犹病诸!夫仁者,己欲立而立人,己欲达而达人。能近取譬,可谓仁之方也已。"

大多数人不能做到的道德准则,基本上是违背人性的,是阴谋。如果一个人在自己的孩子与别人的孩子中,更喜欢、更关心别人的孩子,那就不正常。

尊重人性,才有意义

孔子的弟子子贡,是个土豪,有钱、任性。他在外边做了善事,不取分文,结果孔子骂他:"你无端抬高了道德门槛,把贫穷的善人阻挡在行善的门外。"

此前,贫穷者在行善中,因为获得酬赏而弥补了经济拮据,所以他们会行善不倦。但现在被子贡一搅和，行善的门槛高到了只能付出而一无所获，这让贫穷者如何还愿意做善事？

而孔子的另一名弟子子路，救了一个落水的农夫，农夫把牛送给他，作为救命之酬。子路牵牛而归，受到了孔子的表扬。子路懂事，他做了好事，获得了报偿，此后人人都愿意效仿他做好事。长此以往，这个国家的社会风气就会好起来。

易牙烹子

在两千多年前的春秋时代，齐国有一个管理齐桓公烹饪的厨师易牙。齐桓公久居宫中，什么珍馐佳肴、山珍海味都吃腻了，有一次半开玩笑地对易牙说："我就是蒸婴儿的肉没有吃过。"易牙为了满足齐桓公的欲望，将自己的三岁儿子蒸了献给了齐桓公吃，齐桓公认为他对自己忠心耿耿，于是提拔重用了易牙，易牙便成为宠臣。后来大臣管仲生病，齐桓公前去探望，并问管仲："君将何以教我？"仲曰："君勿近易牙和竖刁。"桓公说："易牙烹子飨我，还不能信任吗？"管仲说："人无不爱其子，自己的儿子尚且不爱，焉能爱君？"直到管仲死后，齐桓公仍不信其言。不久，齐桓公病危，易牙果然拥立齐桓公的宠妾卫共姬的儿子，犯上作乱，闭塞宫门，齐桓公被活活气死在病榻上。

我的哲学小品文

对一幅画的价值判断

在艺术品拍卖市场上，一幅画的价值可能是一个天文数字。文森特·梵高的画作《加谢医生的肖像》1990年5月15日在最著名的纽约苏富比拍卖行公开拍卖，此画以8 250万美金创下有史以来艺术品拍卖最高价格，购得此画的是日本第二大造纸商。世界名画的购买者都是顶级富豪，不是银行家就是金融大亨，更多的是富可敌国的神秘买家。拍卖行是富人的俱乐部，对普通百姓来说，只是饭后的谈资。苏富比拍卖行，不是苏富比，而比富"输"，在拍卖行比不过人家有钱就得认输。《加谢医生的肖像》绘于1890年，当时梵高已住进精神病院，接受保罗·加谢医师的治疗。在今天，一般人无法认可这幅画价值8 250万美金。除非有古怪嗜好的富豪，谁也不会把一位精神病医生的画像挂在家里，挂在客厅，客人会怀疑主人精神有问题，挂在卧室夜里会做噩梦，挂在饭厅影响食欲，挂在厕所导致便秘。由此，我们是否可以得出，拍卖行的价值判断和价值选择严重违背了正确价值判断与价值选择的标准？第一，严重怀疑，他们是否在追求真理，是否符合社会历史发展规律；第二，严重怀疑，他们是否站在最广大人民利益的立场上，或许他们在有意炒作。

我们先来谈谈第一点。如果你了解西方艺术史，你就会觉得梵高的艺术追求符合艺术发展规律。黑格尔说，"艺术是理念的感性显现"。艺术是人的情感、性格的显现。最初的绘画是写实主义的，其最高境界就是要有照相机拍出来的效果，这种绘画只能叫技术而不是艺术，讲究的是明暗与透视效果。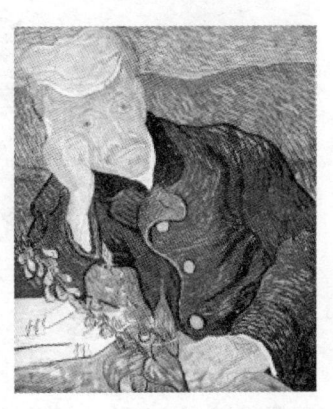我们拍出来的照片并不能成为艺术品，因为，艺术要表达事物发展的最典型的瞬间，通过这个典型的瞬间，或戏剧性冲突来表达事情的来龙去脉。绘画不像电影、电视剧可以反映整个事件的发展过程，绘画只能抓住事物的典型瞬间来反映事件，宗教画就要通过一幅画反映一个宗教故事。西方绘画史上的重大革命是19世纪的印象派诞生。在印象派诞生之前需要提到两位英国的风景画大师，一位是透纳，精于对光、风、速度这些虚无缥缈的东西的描绘，另一位是康斯太勃尔，善于画英国乡村风景。有人评论康斯太勃尔的云朵："看到康斯太勃尔画的乌云，让我有种穿上大衣带上伞的冲动。"所以，印象派的出现也不是空穴来风，人们对不断运动的光的追寻是艺术发展的必然，从莫奈的《印象·日出》，到雷若阿的《红磨坊的舞会》，再到德加的

《舞台上的舞女》,无不显示出艺术家对光与影的追寻。然而,他们都在努力抓住事物的瞬间,不断逼近事物的"真"。德加笔下的舞女,似乎正在旋转,然后被人按了"暂停键",如果再按一下"播放键",随时都会继续旋转下去似的。绘画似乎到了登峰造极的境界了,其实,表达画家内在情感方面是从梵高开始的。

梵高的创作热情完全源于他对艺术单纯的梦想:"希望所有人都能看到我的画,并能够通过我的画感受我的内心。"我们看别人的画会赞叹技艺的高超,看梵高的画可以直接感受到一个精神病人的癫狂。《星空》中的树木、天空和山脉,似乎也都"发疯"似的扭曲变形,好像要被一个庞大的漩涡吸进去一样。笔触产生了一种令人不安甚至近乎忧郁症似的动感,而弯曲螺旋式的线条,正是他血液和骨子里的癫痫、躁郁、间歇性代谢紊乱、幻听导致的沉郁、心烦情绪的表现。迄今为止,还没有一位艺术家用画笔把自己描绘得这么淋漓尽致。一位具有仁慈的内心的艺术家(精神病人),用画笔表达着自己的内心对生活的强烈渴望。这种强烈的渴望使他的作品具有一种吸人魂魄的魔力,让人看过就会印在脑海里,挥之不去。他的好友高更在离开阿尔的黄色小屋的14年后,在笔记里写到:"我至今依然满脑子都是向日葵。"

下面简单地说一下第二点。这一点不怎么好说,有点牵强。艺术这个东西是很个性化的,越独特越有价值。你开辟了一块别人还没有认识的领域,给人的精神世界带来了新鲜的气息,这就是价值所在。是不是站在最广大人民群众利益的立场上,我不想牵强。但有一个事实,就是梵高是一位家喻户晓的艺术家。你可以去身边找一个"艺术门外汉",他可能看不懂或者甚至从没有看过梵高的作品,但肯定听过他的名字。这就是所谓"家喻户晓"。在整个艺术圈能达到这个级别的，估计也只有莫扎特、莎士比亚这类神人了。在绘画圈里就更少了，差不多一只手就能数得过来。事实上，价值判断与价值选择的两个标准是相通的，满足了第一条，第二条也就成立，因为历史是人民创造的，你符合历史，必然符合人民，而且是在根本上符合了人民的利益。

C44
创造与实现人生价值

生活经验

杨利伟的人生价值的创造与实现

杨利伟是中国进入太空的第一人。北京时间2003年10月15日9时,杨利伟乘由长征二号F火箭运载的神舟五号飞船首次进入太空,象征着中国太空事业向前迈进一大步,起到了里程碑的作用。2014年9月15日,太空探索者协会第27届年会在北京闭幕,杨利伟被授予列昂诺夫奖。

有人认为,坐在飞船里飞一圈有什么伟大的?能把飞船送上天的科学家是伟大的,同学们对此可能没有异议,你们为什么没有异议呢?我想,用火箭把飞船送上天是个巨大的工程,每个环节都要做到精准无误,对平常人来说,飞船能进入预定轨道,并能准确回收,简直不可思议,我们无法理解那些复杂的环节,科学家居然能精准地把握自然规律,太伟大了。而航天员就坐在飞船里,只要身体好、胆子大,就能在天上飞几圈,我要是身体足够好,我也能。是这样的吗？

我们来看一段杨利伟的自述。

就在火箭上升到三四十公里的高度时，火箭和飞船开始急剧抖动，产生了共振。这让我感到非常痛苦。人体对10赫兹以下的低频振动非常敏感，它会让人的内脏产生共振。而这时不单单是低频振动的问题，是这个新的振动叠加在大约6G的一个负荷上。这种叠加太可怕了，我们从来没有进行过这种训练。我担心的意外还是发生了。共振是以曲线形式变化的，痛苦的感觉越来越强烈，五脏六腑似乎都要碎了，我几乎难以承受。心里就觉得自己快不行了。当时，我的脑子非常清醒，以为飞船起飞时就是这样的。其实，起飞阶段发生的共振并非正常现象。共振持续26秒后慢慢减轻。当从那种难受的状态解脱出来之后，我感觉到从没有过的轻松和舒服，如同一次重生。但在痛苦的极点，就在刚才短短一刹那，我真的以为自己要牺牲了。在空中度过那难以承受的26秒时，地面的工作人员也陷入了空前的紧张。回到地面后，我看到了升空时传到地面大厅的录像。当时大家安静得不得了，谁也不敢吱声，因为飞船传回来的画面是定格的，我一动不动，甚至眼睛也不眨，大家都担心我是不是出了什么事故。3分20秒，在整流罩打开后，外面的光线透过舷窗一下子照进来，阳光很刺眼，我的眼睛忍不住眨了一下。就这一下，指挥大厅有人大声喊道："快看啊，他眨眼了，利伟还活着！"所有的人都鼓掌欢呼起来。

我们再来看一看宇航员是如何选拔出来的。

经过终选合格的航天员也不一定能够上天。为了保证飞行任务的完成，航天员要设立三个梯队，如果第一梯队的航天员出现问题，就会由第二梯队顶上，依此类推。第一梯队的航天员中，谁能够上天也是临上天前才决定的。例如，我国的第一梯队航天员就由杨利伟、翟志刚和聂海胜三个人组成，在飞行前一天通过对他们的综合评定，才确定由杨利伟上天。苏联第一艘飞船的第一梯队航天员是加加林和季托夫，季托夫在临飞前的身体和心理检查时，情绪过度紧张，各项生理指标都比较差，而加加林飞行前没有紧张，各项指标正常。这样，载人航天史中第一太空人的桂冠落到了加加林的头上。季托夫在航天医学研究史上也是有名的,因为他是第一个出现航天运动病的人。可以想象,如果进入太空的第一人是季托夫,他在太空中出现明显的运动病症状,就有可能影响飞行任务的完成,给人们带来遗憾。这个例子说明临飞前的选拔是非常重要的。由此可见,要成为一名真正的航天员十分不易。在苏联的首批航天员选拔时,参加初选的候选人是3 000名飞行员,通过第一阶段的选拔,只有20人加入预备航天员的训练队伍,最后成为第一批后备航天员的只有6人,选拔的合格率只有千分之二。

没有一个人的人生价值不是在劳动与奉献中创造的。人的地面生活是舒适的、自在的,我们感觉不到心脏在怦怦地跳动,感觉不到五脏六腑的剧烈运动,这种感觉叫健康自在,叫天人和谐。从地面生活到太空环境,谁能适应?没有人天生就适应,海拔高一点,人就有缺氧反应,生活在低海拔的人进入青藏高原,就有高原反应。你可能是去西藏旅游,到离天空最近的地方,去体验那里的天空触手可及,获得一种从未有过的体验。航天人为什么要去受那种常人难以忍受的痛苦?那是国家的需要,人生价值的实现只有与国家的、社会的需要结合起来,自己的卑微肉体才能得以升华,才能实现它的价值。可以说,一个人的人生价值的大小是与他同国家、社会需求的紧密程度成正比的。

生活智慧

并非所有人都能遇到英雄辈出的大时代

如果杨利伟早出生或晚出生几年,我国载人航天会不会等杨利伟几年,或提前几年?当然不会。社会提供的客观条件是人们实现人生价值的前提。人的价值只能在社会中实现。只有正确处理个人与集体、个人与社会的关系,才能在奉献社会中实现自己的价值。同时,个人的主观因素也是实现人生价值的重要条件。如果杨利伟是个拜金主义者,他的人生选择会是航天事业吗?他会做生意,到发达地区做生意。如果杨利伟担心自己会变成太空垃圾,他能上天吗?所以说,人生价值的实现需要我们全面提高个人素质,包括心理素质。

人生价值的创造与实现不以当时获得的地位或荣誉为衡量标准，而是要经得住人民和历史的检验。对于我们绝大多数人而言，我们应该在平凡的岗位上创造人生价值。

人生境界

在平凡的岗位上创造人生价值

人类社会为什么会不断地向前进步？你会说，因为生产力不断向前发展。那么，生产力为什么会不断向前发展呢？是无数平凡的人的辛勤劳动，他们在生产劳动中发挥着自己的聪明才智，不断创新，进行技术改造，进行社会制度的变革，推动着社会进步。可以说，只要人们爱岗、敬业、诚信、友善，普通人也和伟人一样，能够在自己的平凡岗位上创造出自己的人生价值。

我的哲学小品文

一个普通人的人生价值的创造与实现

最后一篇哲学小品文写谁呢？写一个普通人的人生追求，对学生人生价值观的树立会有更大帮助吧？想来想去还是觉得对别人的人生并不了解，就写写自己吧。

人的价值在于创造价值，一个教师的人生价值是否显得有些特别？教师不从事物质资料的生产，也不像作家、艺术家那样从事精神财富的生产，教育是培养人的事业。没有受过教育，一个物理属性的人很难成为具有社会属性的人，这就是所谓教育"成"人吧。所以，教师的人生价值的创造根本在于培育了人，培育了能创造价值的人。在其现实意义上就是你教的学生中考取了多少本科，为高校输入多少人才。这样的人生价值追求是离不开劳动与奉献的。我们看到许多老师，尤其是班主任，起早贪黑，要抓学生纪律、抓学生听课、抓学生作业，他们一天都有十几个小时在学校。没有他们处理好这些烦琐的事务，是很难提高学生学习成绩的。不仅如此，教师更重要的劳动是钻研教材、研究试题、把握考试动向，这样才能使自己的劳动达到事半功倍的效果。

就此而论，一个教师的人生价值就可以按照学科贡献的大小自然分成三六九等了？语数外是一等，理科数学教师的价值是一等中的一等，选修课是二等，小四门是末等。小四门的四位教师数月的辛劳还不及数学中的一道选择题。如果以分数而论确实如此，有的小四门得了A，但语数外总分不够，你得4A也是无效的。我的价值又在哪里？人是价值的创造者，教师价值的根本在于培育人，政治学科教师在升学中的贡献是有限的，但在人的培养上是无限的。多少年之后，我的学生对哲学仍然饶有兴趣，他们有哲学思维和哲学素养，他们能解释"白马非马论"错在哪里，他们能回忆起有趣的哲学小品文，他们用哲学的思维思考自然、社会和人生，甚至因为我，他们中的有些人终生致力于人类思想史的研究，这就是我的人生价值所在，这同样需要付出艰辛的劳动。

我的人生价值是否只限于此呢？人是价值的创造者，我可以在小品文里介绍西方哲学、中国传统哲学，甚至艺术史，提高学生审美能力，扩大学生视野。我的劳动价值能否进一步放大呢？毕竟在课堂教学中，只有我教的学生受益，我建议学校可以把我的小品文印出来，高二学生人手一册，让所有十三中的高二学生改变对哲学学习的态度。我的人生价值还能放大吗？我可以根据自己的教学尝试把它上升为学术论文发表出去，让全国的中学政治教师看到我的教学尝试，推动教学改革。这不是一般的劳动，这叫呕心沥血。人生价值就是在这种艰辛的劳动中不断地被创造出来的。

下面谈谈人生价值的实现。

人生价值的实现离不开社会提供的各种条件。以文章发表来说，文章能否发表并不取决于你的才气，而是取决于你的观点是否符合教学改革需要。精神产品不像物质产品，精神产品是可以传播和分享的，这都需要社会提供平台。 在中国知网上可以查到我发表的50多篇文章，文章下载量累计数千次，被引用也有数百次，其中，我在2004年发表的一篇文章被引用了48次之多。 你的思想在传播，在别人那里得到发展，这是人生价值的实现，但这离不开社会。 我已出过两本书：第一本是2006年华龄出版社出版的《生命课堂》，其影响面比较小；第二本是2010年的《课堂的莘草》，由北京师范大学出版社出版，被中国教育报于2010年6月28日和7月1日两次推荐为教师暑期阅读书目，该书被全国各大城市图书馆、师范院校图书馆收藏，销售量达8 000多册。

砥砺自我是实现人生价值的主观条件。 教材中讲了三点，第一，要不断提高自身素质；第二，要有顽强拼搏的精神；第三，要有正确的世界观、人生观和价值观。 人生价值的实现离不开拼搏的精神。 时间是最公正的，从不因为你有什么借口就会放慢脚步。 2013年9月，我的博士论文一个字还没有写，但我已把西方哲学史看了两遍，中国思想史也通读了一遍，课程与教学论方面的书籍我几乎不需要看，因为从2002年读硕士起就从来没停过。 2011年考博的时候，就看了两个月的英语，专业课一个字也不要看，十年的积淀还需要看吗？ 尽管如此，2013年9月中旬开始动笔写作论文时仍然艰难，一开始我是以15天一篇的速度推进的。 什么叫拼搏？ 我告诉你，就是一篇文章完成后来不及半天的休息又要进入下一篇文章的写作准备，资料阅读、选题、构思，这样说还不够，打个比方，就是你经历了一次激烈的战斗，满身疲惫，没有休整时间，接着下一场战斗。 那年我教高一六个班政治。 就这样一直坚持到2014年6月中旬，文章推进到第十五篇后半部分。 实在受不了了，受够了，写够了，够透了，快要疯了。 戒了两年半的烟又重新燃烧起来了，论文写作在烟雾缭绕中继续向前推进。 2014年11月中旬，论文初稿终于完成了，约26万字。 其间，我还为配合高二哲学教学，写了8篇小品文。 导师说，收了我这个学生，他很欣慰。 我很自信地说，工作二十多年来，我没有虚度光阴。 2002年之前的十几年，我像你们看到的许多起早贪黑的班主任、年轻的教师一样，也算是个拼命三郎吧。

2002年到2006年我写了《生命课堂》,2007年到2010年我写了《课堂的苇草》,2011年到2014年我写了《教学的内在目的性》。尤其是博士论文中的每一篇,我都能精确记得是哪一天到哪一天写成的。时间小偷是没法偷走我的时间的。为什么要如此拼搏？人生苦短,不过百年,一个人能栽下一两棵树给后人乘凉,善莫大焉。这就是我的人生价值观。

◎ 后 记 ◎

  我是一位中学教师,自以为也是一位学者。中学教师的主要职责是教学,把学生的成绩搞上去,你所教的学科如果不是像数学这样的重要学科,那你就得用较少的学生学习成本,换得最大的教学效果,即对学生投入的学习时间、学习内容的深度和广度都要有所控制,并且学生的学习成绩还要好。做到这一点,作为一位经验教师并不难。作为一位学者,学者的生命等同于你的学术生命,你的学术观点的影响力,文章发表在什么级别的期刊上,你的文章被引用的频次,是否被人大报刊资料中心的《教育学》《中小学教育》等期刊转载,这是一个学者最看重的。这种衡量标准几乎是对一个大学教师的要求。从 2002 年读硕士时起,我就脚踏两只船,一只脚踏学术研究之船,一只脚踏高中政治教学之船,十多年过去了,还算平稳,两种身份已历史地合身了。

  然而,现实是残酷的,这两种身份的评价差异令我异常窘迫。中学教师的教科研评价要求也只是发表几篇文章而已,特级教师、中学教授也没有在 CSSCI(中国社会科学引文索引)期刊发表文章的要求,你发再多 C 刊也只能是孤芳自赏,学者对学术生命的追求只是你个人的执迷不悟,你不愿过成熟教师的闲适生活而自讨苦吃,怨得了谁。更可怕的是,我多年的读书写作养成了独处静思的生活习惯、知识分子的执拗、宁愿不说话也不愿意说违心的话的秉性,成了我身上挥之不去的"幽灵"。"不低头"、不央求人,所谓的傲骨还是傲气，由人评说，无暇自顾。

"贫贱不能移，威武不能屈"，不难做到，但"穷则独善其身"难以做到，一个人不可能"独善"，人是关系性的存在。年少时，父母的奖赏成了幸福的源头；工作了，领导的认可成了"定心丸"；三十多岁，能与名师较高下，是我们虚荣心发酵的温床。当这一切都丧失时，没有了名师，你就是年轻人挑战的对象，你教得再好也是应该的，没有认可，也没有奖赏。这时你还能"独善其身"？能！人处于穷迫的境界大概有三种出路：第一种是寄情山水或诗词歌赋，像柳宗元、苏轼；第二种是另辟蹊径，如沈从文，写小说难了，改研究中国古代服饰了；第三种是普罗大众型的，如林则徐虎门销烟，道光降罪于他，将其发配新疆伊犁，一般人都会死在半道上，而林公却在伊犁垦荒屯田、兴修水利，"林公渠"至今仍然在使用，皇帝想逼他死，他却干出了轰轰烈烈的事业。前两种是在个体的哀怨与喜好中寻求突围，第三种则是一种高尚的道德情怀。林则徐有句名言，"苟利国家生死以，岂因祸福避趋之"。显然，这里的国家不是大清王朝，而是天下百姓。我很感激我的学生，我想把他们的班级说一下，他们是南京市第十三中学2014级的高二(4)班、高二(6)班、高二(8)班和高二(9)班。我的教学价值呈现在他们一张张舒展的笑脸上，他们上课时的自发鼓掌，下课时的深情鞠躬，让我很享受。

我不想央求别人给予什么样的机会，但我想让我的课堂教学惠及更多的学生，于是萌生了将自己的教学案拿去出版的想法。我也不会找人与出版社疏通疏通，都是拿着书稿直接到出版社"撞大运"。南京师范大学出版社的姜爱萍总编，见了书稿就有出版意向，出版风险是她个人承担的，我与她素不相识，我很感激。她说的一句话我一直没有忘记："现在不少真正有价值的东西出不出来，我承担出版风险，是对一个学者的尊重。"感谢张岳全编辑的辛勤劳动，在他身上，我看到了"君子讷于言而敏于行"，有一种久违的与文人交往的轻松。

韶华易逝，白发已生。生命如水，总想激起波澜以反射日月之光；草木一秋，总想开一朵野花以芬芳路人。浩瀚星空，仰慕并敬畏她的是思想的苇草；仁心如莲，挡污泥浊水的是她的圣洁与高贵。

于世华
2016 年 06 月 29 日